洛伦茨科普经典系列

人性的退化

人性的退化

［奥］康拉德·洛伦茨 著

寇瑛 译

中信出版集团｜北京

目　录

简短前言

目前来看，人类未来的前景极其暗淡，很可能被核武器自毁，迅速但绝非无痛。即便这种情况没有发生，人类也会渐渐因"中毒"或因其赖以生存环境的毁灭而消亡。就算人类及时终止了其盲目和令人难以置信的愚蠢行为，他们也面临着另一种威胁，即所有构成人性的那些特质和能力的持续性衰退。许多思想家看到了这一点，诸多书籍也曾论及环境的毁灭和文化的"颓废"。然而，仅有少数人将人性的退化看成是一种疾病，只有个别人像阿道斯·赫胥黎（Aldous Huxley）①那样，试图探寻其致病原因和可能的治愈手段，本书亦旨在这方面做一些探索。

---

① 阿道斯·赫胥黎（1894~1963），英格兰作家，著名的赫胥黎家族最杰出的成员之一。——译者注

第一部分

进化的自由度

第一章　目的性世界秩序的信仰

它的道德滑坡后果

忒拉德·德日进（Teilhard de Chardin）[①]认为宇宙是一种进化，这一点对人类来说具有非凡的意义。他认为每一步进化都意味着复杂性的增加，这正是我们和他本人世界观的基础。但同时他也相信，从无机物到生物、从低等到高等的进化过程，原则上是注定和预先确定的，就像奥斯瓦尔德·施本格勒（Oswald Spengler）[②]相信人类文化将不可避

[①] 忒拉德·德日进（1881~1955），法国哲学家，神学家，古生物学家，地质学家。本名泰亚尔·德·夏尔丹，德日进系其中文名字。——译者注

[②] 奥斯瓦尔德·施本格勒（1880~1936），德国唯心主义哲学家、史学家。他认为历史只是若干独立的文化形态循环交替的过程，任何一种文化形态，都像生物有机体一样，要经过青年期、壮年期以至衰老灭亡。在目睹第一次世界大战带来的创伤之后，他写下了《西方的衰落》，震惊世界。——编者注

免地走向没落一样。

这些对立的观点对人类行为有相同的影响：两者都让人类觉得可以减轻对世界所承担的责任。有机进化要素，特别是突变和选择，像创造其他所有生命现象一样，也创造了人类精神。然而，这种被创造的精神却找到了方法和途径去屏蔽最重要的要素——残酷的"保留性选择"。进化使人类直立，从高度象征意义上看，进化把人类带到了一个不稳定的状态，随后就撒手不管了。"创造性选择"不再对人类产生影响，对它的探讨将在本书的第四章中进行，取而代之的是内部取向性选择，我们非常清楚，它将怎样把物种变化引入歧途。

从某种程度上讲，物种史意义上的创造性进化已经在我们的地球上停止。人类文化的发展总是越来越快，目前已经达到了一个如此高的速度，使得我们几乎可以毫不夸张地说，与其相比，基因和物种史意义上的进化速度可以忽略不计。人类文化发展给整个星球带来的改变，已快到让同行者完全无法"遵循"系统发育轨迹的程度，人类正受到严重威胁。

歌德称之为"生生不息、活跃的拯救力量"，今天只能借助人类的价值感知才能实现。此时此地，是否对有机生命进化过程做出"上升"或"下降"的决定，就成为人类的责任。没有价值感知，人类行为就会无拘无束，其后果既得不到惩戒，也不会被限制。

没人知道，人类物种史意义上的发展进化到底是否还将继续，但我坚信会的。尽管文化发展比物种史进化快10的数次方倍，但只要遵从类似的规律，人类文化就很可能有能力将种系演变控制在同一个方向上。在当今技术至上论的世界秩序中，这个方向看起来无疑会走向衰退。如果是这样的话，我们作为人的存在将面临危险。

对所谓技术进步的误信

今天，虽然很多人已经意识到技术进步可能给人类带来危险，然而，仍有数不清的、为技术痴迷的人坚信每一项技术进步都必然带来新的价值。即使人们完全按照歌德的定义，把发展看作是诸多部分的差异化和层次化，这个观点也是错误的，它更多的是针对文化发展，而非物种史发展。

价值的形成虽以发展为前提，但不是发展的必然结果。在一个技术至上的世界秩序中，发展过程不幸被狭义地当成了价值创造的全部。

对此，我们可以特别地做演示性说明，看看人们是怎样依照美国式的理解开发一片土地的：首先，销毁这片土地上所有的自然植被，然后铺上水泥，或者最好在公园里铺上草坪；如果还有一块海滩的话，再用水泥砌起一道加固的堤坝，修直小溪的走向；或者如有可能，再让小溪从管道中流过，最后再喷上农药，以尽可能高的价格卖给一个顺从并因被城市化而变得愚钝的消费者。由此可以推断，按照技术强迫症的思路，完全存在这样的可能性，即将某一特定过程技术性地实现，混淆过程和责任之间的关系，然后就付诸实施。这就变成了技术决定论的宗教信条，所有的一切，无论是什么，只要是可行的，就必须实现它。

这里，我说得有些夸张。然而，今天仍然有绝大多数人迷信，人类文明的进步必然以一种预先设定的方式带来价值的增加。

拒绝非目的性的世界秩序

很多人不能想象，宇宙中存在不受任何特定目标驱使的过程。因为我们注意到自己有不追求价值的无意识行为，所以就不愿看到有毫无意义的现象存在。歌德借浮士德之口，在目睹波涛汹涌的海浪时说："什么使我恐惧而绝望——不羁元素无目的的力量"。当人类竭尽所能却依然面对无法影响的宇宙现象时，他的自尊心首先受到伤害，因为他觉察到，在宇宙万象中，无意义的占绝大多数，所以他担心，这种无意义仅从数量上就已经战胜人类想给事物赋予意义的追求。这种恐惧产生强迫性思维，即对一切发生的事都试图猜测其隐含的意义。如尼古拉·哈特曼（Nicolai Hartmann）[①]所言："人类不愿面对真实世界的残酷，以及它对人类的漠视，进而认为，活着反而没有意义。"在另一种场合，这位哲学家还说道："这种遥不可及，也只能是揣测，赋意也许是人类的特权，并且人类用这种特权将自身带到一种无知的状态。"

矛盾的是，恐惧又使人类对非目的导向的、非预先确定的世界现象更反感；从认识论和目的导向的世界秩序的角度来看，人类自由意志可能被证明是幻想的观点是绝对错误的。世界自始至终是确定的，这一没有矛盾和已被接受的观点，必然将人类的种种自由排除在外，还将他的行为限制在一定的轨道上，使其必然到达他的目的地。这种观点是对人类作为一个负责任的物种的绝对否定。

目的性过程的三个环节

在宇宙中，最终的确定过程仅存在于有机世界中。依照尼古拉·哈特曼对终极联系的类比分析，一种完全确定的事件链由交互作用的构架决定，可划分为三个既相互依存又相互独立的环节，它们共同构成一个功能单元：首先，要确定

[①] 尼古拉·哈特曼（1882~1950），德国现代著名哲学家。——编者注

一个带有时间节点的目标，就像对未来的某种设定；其次，是实现上述目标所用方法的选择，这些方法在一定程度上可由倒推确定；第三，被选择的方法通过因果关系一个接一个地发生作用，从而实现目标。

正如尼古拉·哈特曼特别强调的那样，总有一个步骤的"载体"、一个目标的"确立者"和一个方法的"选择者"存在。除此之外，"第三个环节"，即目标的实现通常还必须被"监控"，因为方法的选择可能会出错。在这种情况下，可能就会在这些环节中的任何一点出现对原轨迹的偏离，而必须通过新的方法来矫正。

尼古拉·哈特曼认为，信息载体和目标确定者可能总是有意识的，他说："只有意识在起始阶段具有机动性，可穿越时间节点，可预设，可预测，可以选择方法并沿其穿越的时间顺序返回至'最初'状态"。在尼古拉·哈特曼发表此观点之后，生物化学、形态学和民族学研究发现了这种过程，它们肯定没有意识的陪伴，但在其特征性交互作用构架中却包含了所必需的三个环节。这种通过基因组确定的构建模式预设了一个新有机体生成的方式，完全相当于确定目标的第一环节；第二环节是目标的实现，而在此过程中，依据不同环境条件下具有的各种方法和途径，通过高度调控最终完成构建。这无疑符合哈特曼所假设的三环节交互作用构架，显然比有意识、有目的的人类行为过程层次要低。在这两个层级之间，存在有一系列无级差的动物和人类目的性行为——从盲目的探寻一直到复杂度极高的人类方法论意义上的行为。

事实上，一种生物的生理个体发育过程是一个纯粹的终极事件，即完成一个预定的计划。这种现象极易引发如下观点，即生物的物种史进化也是同样的，仅发展或进化的词义就很接近这个观点了。生物族谱树是我们都熟知的，它从单细胞生物开始，历经无数分支从低等进化到高等有机体，终结于人类为目标而加冕，这就是全部！在此，如果事后给按此轨迹发展的系统运行标上箭头，它就会提示，人类从一开始就是世界发展的预先确定的目标，这听起来太令人类欢喜了。

试图诠释进化意义和方向的尝试同样会出错，就像很多深谙科学的人追求用从历史事件中抽象出的规律对其后续发展进行预测那样，有点像用一定的物理定律推演物理现象的发生。这种认为理论历史学必定与理论物理学有同样意义的观点，并非已经完全不存在了，卡尔·波普尔（Karl Popper）[1]

---

[1]　卡尔·波普尔（1902~1994），当代西方最有影响的哲学家之一。波普尔研究的范围甚广，涉及科学方法论、科学哲学、社会哲学、逻辑学等。他1934年完成的《科学研究的逻辑》一书标志着西方科学哲学最重要的学派——批判理性主义的形成。他的另一部著作《开放社会及其敌人》（1945年）是其社会哲学方面的代表作，出版后轰动了西方哲学界和政治学界。——编者注

就曾揭露这一观点的迷信色彩：毋庸置疑，人类的知识影响人类历史的进程，但人类知识的增加是完全不可预测的，未来的历史走向也会如此。卡尔·波普尔在其《历史主义的贫困》一书中无可辩驳地指出，不存在任何被赋予预测能力的认知机器，无论人脑还是大型计算工具，都不能预测人类自身的未来。所有朝着这个方向的努力都会不断得到一个又一个的结论，而预测的本性丧失殆尽。卡尔·波普尔说："因为这些论点是纯逻辑性的，适用于任何科学难题的'预测者'，包括有交互影响的'预测者''群体'。"

所有这些，既适用于种系进化进程，也适用于人类发展史。物种史也受到获取信息的决定性影响，它的信息获取虽在意义上不同于人类，但同样是不可预知的。最微小的遗传变异意味着得到适合的信息，从而以不可逆转的方式改变系统进化进程。自从生命起源以来，生物界的演变之路就不会是被预先确定命运的。阿吉巴·本·约瑟（Akiba ben Joseph）[1]有句名言，所有的一切都已存在过，历史的真实却恰恰相反：没有什么曾经存在过。

---

[1] 阿吉巴·本·约瑟（约40~135年），巴勒斯坦犹太哲人，犹太教重要领袖。他搜集编纂口传法规，其中包括人物生平、社会活动和宗教事件，成为《圣经》以后的第一部《密西拿》（Mishna，即口传律法）集。——编者注

第二章 物种史的无计划性

目的性的概念

比较解剖学家或比较行为学者一定熟悉有机过程中的某些领域，他们经常陷入困惑，感到纠结，一方面是对完美进化构造的惊叹，另一方面又感到失望，因为我们大脑可以想到的解决方案，进化过程却"没有"发现：有多少明显无目的的结构却代代相袭！许多学者倾向于高估目的的重要性，如尼古拉·哈特曼就认为，目的性是先验和合理的，也因此成为有机界的特征。他说："事物的本质使我们明白，带有无目的的器官、关节、形态及功能的有机体不会具有生命力。"此话显然言过其实，与此相对，奥斯卡·海因洛特

（Oskar Heinroth）[1]则坚信："生物体中不仅存在目的性结构，而且也存在一些并非那么没有目的性的结构，并导致该物种灭绝。"

这句引自尼古拉·哈特曼的话，如果是"仅指关键的和对生命重要的构造"，那么它本身并不完全正确。如果进化过程被眼前利益所吸引，其他所有要素就变得与该物种链的后续发展不相关了，那么它就会进入误区和死胡同。这种现象在我的《镜子的背面》一书的第一章中有详细论述。所有生物的形体构造和行为都存在唯一并可证实的"目的性"，即尽可能多地繁衍后代，也就是说，为了该物种的存活，别无他求。猫为什么拥有弯弯的利爪？是为了"捉老鼠"，这一问一答简单地回答了如下问题，选择压力使猫有这种利爪，这些物种保留性能力又作用于选择压力。我们把对物种保留性目标过程问题的回答称为目的性问题，与此相反，试图回答存在意义的问题是目的论问题。

无目的过程

古斯塔夫·克雷默（Gustav Kramer）[2]在《自然界中的

---

① 奥斯卡·海因洛特（1871~1945），德国动物学家，是第一个将比较形态学应用在动物行为学的科学家，因此成为了动物行为学的始祖之一。——编者注
② 古斯塔夫·克雷默（1910~1959），动物学家。——编者注

无目的过程》一书中列举了许多这类现象的例子，在此，我们仅选一例：在向陆地过渡的过程当中，鱼类的鱼鳔变成了呼吸器官。鱼类，如无颌骨盔甲鱼类（如气鳃鳗），心脏和鳃在循环过程中相继起作用，也就是说，所有从心脏射出的血液必须被迫流进呼吸器官，这些通过肺循环获得的、高氧浓度的血液被分别输送到体循环当中。由于鱼鳔原本是一个体循环器官，在它变成动物的一个真正的呼吸器官之后，从体循环那里获得的血液首先流回来，因此这里是来自身体的低浓度氧和来自肺部的高浓度氧的混合血液。这一技术上绝对不佳的解决方案在所有的两栖动物和几乎所有的爬行动物那里都被保留了下来。很少被人强调的是，所有这些动物都非常容易疲劳，青蛙容易在屡屡蹦逃未果的情形下被捕获，动作灵活和敏捷的蜥蜴也是如此。与鲨鱼、硬骨鱼类或鸟类不同，两栖动物和爬行动物没有持续的运动能力。

爬行动物中只有鳄鱼有完整的横膈膜，以此隔开左右心房，由此区分肺循环和体循环。然而，它们可能是某一种两条腿并且具有相当运动能力的爬行动物种群的后代，其祖先的类型在某些方面类似于鸟类。除了鳄鱼，鸟类和哺乳动物的肺循环和体循环是完全分开的，血液依次流过这两个循环系统：肺静脉将刚换过气的纯动脉血导入左心房，并由此泵入体循环；而右心房获得了来自于体循环的纯静脉血，并泵入肺部。从第一批陆地上脊椎动物的形成到最高级爬行动物和鸟类的形成，这种"临时性结构"的解决方案经历了相当漫长的时间，才把肺循环作为体循环的"分循环"整合成完整的循环体系，而重新达到鱼类循环体系的功能水平，并最终放弃鳃呼吸。

功能转换

关于基因编码的结构或功能是否是"有目的"的问题，当然只能在考虑其完全特定的环境条件下才能给出答案。生存环境的细微变化可以使那些原本对物种生存起关键作用的组织变得没有目的性。即使那些源自于有机体自身的原始改变，例如获取新的生态位①，也会使许多曾是物种特征的结构或功能被冷落或者变得对自身有害。对物种史研究者来说，幸亏"对昔日的适应"早已被关注并极其谨慎地保留着，这些没有用的结构或"废弃物"仍经常被使用，但却被异化成背弃其原始目的结构，这被看作是"功能转换"。

这种荒废的"昔日结构"也可被利用，经常还显得绝妙异常。一个精彩的例子是，低等鱼类的鳃裂经"改造"成为青蛙、爬行动物、鸟类和哺乳动物的外耳道。当人类的祖先

---

① 生态位是一个物种所处的环境及其本身生活习性的总称，又称小生境。——译者注

从水里登上陆地的时候，鳃呼吸转向肺呼吸，呼吸水流的鳃裂就不起作用了。支撑鳃裂的骨骼部分形成舌骨和喉头，鳃裂缝要么合拢，要么消失。一种例外的情况是：最前面的鳃裂，即所谓针孔，被魟科和很多鲨鱼当作吸气孔，它紧贴着迷宫伸展，沿着重量和速度的感知器官伸展。原则上，其构造"相近"，这个震动敏感器官从流水的通道变成空气，即声波的传播通道，发挥"耳道"的作用。

第二个更令人称奇的功能转换的例子同样与耳朵的形成有关。鱼类、两栖类、鸟类和爬行动物的颌骨关节由两块骨头构成：一块来自与头盖骨紧密相连的腭翼方骨，另一块来自下颌最后一部分构成的关节。当爬行动物演变成哺乳动物时，颌骨的关节和与颅底紧密相连的方骨消失。第一块进入鼓膜，第二块和内耳一起构成可以传播声波的器官——听小骨。同时，另一个新的鳃关节形成，此时，出现了一个严重的技术问题，因为两个沿相同骨骼依次排列的关节必然相互成为阻碍。

这些动能转换至少掩盖了一种频发的事实——动物器官在丧失其原始功能之后，几乎总能找到另外一种替代功能或存在的目的，就好像人们将旧衣服改做抹布一样。我们人类的盲肠阑尾也服务于淋巴组织（像我父亲常说的那样，它"服务于外部目的"，为外科医生的俸禄作贡献）。废弃器官演变实在令人难以置信：从鳃裂到耳朵，从鳃关节到听小骨，从一只古老脊椎动物的顶眼到我们内分泌器官的松果体[①]，从最古老脊椎动物的、由纤毛包裹起来的过滤装置到甲状腺，无所不有，这里仅列举以上数例。有时，人们可以将废弃器官拟人化地形容为给一个不再被需要的官员刻意派个差，以此作为其"恩施面包"，而这项工作从整体来看实际上是多余的。事实上，无用组织的存在仅从其具有变得无用了的器官所占空间的角度就提供了一个选择优势，它"诱导"系统发生使用这种"廉价机遇"实现另一种目的。如果运气好的话，可以创造一个全新的器官。然而，系统发生是不可预知的；有机体肯定不能因改造结构而停止其生命活动，如竖起一个牌子"因道路改造，此路不通"。

　　这些过程是全部物种史的典型特征，一个有机体永远不可能像一幢大楼那样，可以借助人类智慧预先计划并有目的地设计好所有必要的组成部分，它更像是一个迁徙者的栖身处所。他先建一个简单的木屋以便有个居处，然后，随着家庭成员的增加和富裕程度的提高再建造更大的房子，但先前的小木屋绝不会拆除，而是被用作储物棚、牲口棚等。物种史学者可以借鉴艺术史学者的研究方式，通过研究历史

────────

① 松果体（pineal baly），位于间脑脑前丘和丘脑之间，为一红褐色的豆状小体。
　　——编者注

久远的大教堂建筑对其各个阶段及其历史做出分析。然而，文化史学者却很难有所发现，构造当初的目标已经发生了巨大的变化，这个事实在物种史学者进行比较研究中经常得到证实。

曲折的系统发育道路

人类社会发展中会出现突发情况，迫使已有结构完全改作他用，如将城堡改建成学校或养老院，把旧船改成军营。然而，在物种史中却可能发生路线的彻底偏离，以至于从方向上改变长时间所遵循的适应性。有时，这些路线的改变可以通过"发现"来解释，如在一定生存空间赋予某种动物一种新的能力，使其能在新的生态位上得以生存。这类"发现"的一个有趣例子是鱼类的鳔，它的原始功能曾是呼吸，可能产生于氧含量低且时常变化的淡水沼泽中。鱼鳔曾是两栖类和爬行动物的祖先征服干燥陆地的前提条件，同时，它作为一个静力学器官提供了演变的可能性，在鱼体内构造一个坚固的骨架结构，这一骨架的重量如果没有气泡的浮力是根本"不可以承受"的。为了理解为什么硬骨鱼类与软骨鱼类（如鲨鱼）相比具有生活在海里的、数量上的绝对优势，你必须将一条小鲨鱼和相同大小的硬骨鱼分别放在左右手中，以估测其体力大小，硬骨鱼的力量由于其坚硬骨骼的杠杆作用会强大些。

最匪夷所思和最激进的路线转变之一是我们从高等动物史中认识到的，那就是四脚类陆生爬行和哺乳动物重返海洋的过程。这里，我想到的并不是那些生活在水中的，都保留了四条腿的动物，如海龟、鳄鱼、海狗和海狮的形成，而是那些从身体形态和发展模式上看又变回完全鱼形的那些动物，如爬行动物中的鱼龙和哺乳动物中的鲸鱼。仅从沿袭下来的"鲸鱼"这一名称就足以显示出，人们长期以来视其为鱼类的事实。

想象一下，脊椎动物从水里进化到陆地经历了多少系统进化过程，从鱼类到哺乳类又走了多远，我们更不得不对再从哺乳动物变回鱼类的"表演"表示敬意与惊叹。在人类社会中，这就像技术人员先造了一辆汽车，几近或全部造好之后，再将其改造成一艘汽艇一样。

与哺乳动物相比，爬行动物向鱼形和类似鱼类游动的演变比较容易理解和达成。大多数爬行动物曾有或至今仍有一个长长的、可以向两侧弯曲的脊椎，这使其可以在干燥的陆地上明显地呈蛇形前进。如果把它们扔到水里，都可以"像鱼类一样"游泳。要彻底适应这种运动方式，只需要进行如下演进：构造垂直面，特别是在尾巴形成前推力的地方建构尾鳍，使身体成流线型以减少阻力。数百万年前，当鱼类"发明"了尾鳍，大多数尾鳍都长在微微上翘的尾部末端的腹侧。所有硬骨鱼尾鳍的这一形态到今天还可以看到，鲨鱼的尾鳍不过是这一形态的放大版。鱼龙"选择"逆向的方式，在我们观察现存的、已适应游泳的爬行动物时就可以发现：其尾巴的垂直舵面有突起的皮状物、高高的鳞片和同样朝上分布的结构，它在陆地上爬行时通常是与被隐藏起来的腹平面保持水平的，这也许就是为什么鱼龙的尾鳍要长在尾部末端背部那一侧的原因。

哺乳动物返回鱼类的过程还远不止这些：它们的脊柱变短，尾巴变薄，肌肉进一步消失。运动时，身体不再像蛇一样向两侧行进。作为这种运动方式的残留，它们在行走和小跑时腿部的配合还有些痕迹可寻：在两种步态中，一侧的后腿都和另一侧的前腿同时运动，这正是其远古祖先的身体蛇形运动特征的体现。当哺乳动物游泳时（它们几乎都会游泳），大都能在水中快步"行进"，这种在水中所表现出的运动的协调性与其在陆地上行走时的没有明显区别。只有特别适应了水生环境的动物，如水獭、海狸和海狸鼠在费力向前游泳时，用到了后面的爪子。

哺乳动物除了行走还具备奔跑的协调性："奔跑"有多种类型，从简单的"前后同步"，即两条前腿和两条后腿同时运动，到有蹄哺乳动物的复杂运动，几乎都是为了尽可能快地适应地形变化。"缓慢奔跑"通常被称为"跳跃式跑",常见于兔类和袋鼠中,行走和小跑在这些动物中已经消失。兔子游泳时也使用双腿跳跃式,以使其间歇性地在水中前行,而袋鼠游泳,似乎还没有人看见过。

哺乳动物的四肢越短,疾驰前小跑时往后退得越多,"进入疾驰状态"的速度越慢。从狗疾驰的画面中可以非常好地看出,其身体在中心平面(矢状面)的弯曲和伸张发挥了很大的作用;疾驰的最大好处在于,那些在行走和小跑过程中无须用到的身体肌肉被派上了用场。

为了适应不同的运动形式,哺乳动物的脊椎在垂直平面上运动较自如,支持这些运动的肌肉也比侧向运动更训练有素。如果哺乳类变成水生动物,它们将练就新的、有益于在水中的蛇形运动方式。这种运动更容易在垂直而非水平面上避让和分流波浪。换句话说,水生哺乳动物的这种起伏状泳姿应由快速奔跑衍生而来。据此,在与运动方向成直角的水平方向形成了一些向前推进的、对抗水的阻力的平面:一些水獭扩大的尾部、海狸的舵尾、鲸鱼和海牛的尾鳍都构成了各自的水平面。海狮能"快速游泳",但海狗不能,这与其尾部与后腿的侧向蛇形运动有关,它滑行用的舵状脚面是垂直的。

哺乳家族中很多动物回到了水中。食肉动物中形似貂类的动物看起来特别有天分，它们拥有宽短的腿和灵活的脊柱。它们当中有很多可以想象的过渡形式，如鸡貂的近亲、善于潜水的水貂类，如水獭、海獭，直至南美的巨型水獭。它们匍匐行进时，有如此多的相像之处，使人们不会怀疑它们都源于擅长水性的貂类。然而，不赞成这一假定的理由在于海狮和海狗不同的泳姿。我认为，必须设想它们可能来自于完全不同的祖先，在这两类动物中，尾部退化成短的残余组织，而常见于水獭的鳍状尾对"速游"非常重要。海狮和海狗的后肢均起到"尾鳍"的作用，但前者呈水平方向，后者呈垂直方向，所以，它们很可能没有亲缘关系。

海牛和鲸鱼的后肢完全消失，其前进的动力来自于一个由皮肤和结缔组织构成的尾鳍，对哺乳动物来讲，这是一个因需适应水性而产生的全新器官。海牛源自哺乳动物，与大象和猎獾狗近亲，人们也曾从它们当中寻找鲸鱼的起源。然而，比较解剖学者更倾向于在食肉类动物如初期貂类中寻找鲸鱼的祖先。证据表明，与仅食植物的海牛相反，鲸鱼几乎完全是纯粹的食肉动物，其属类中仅有几种河豚吃一些植物性饲料。

对于动物从已经变成热血的、呼吸空气的陆地生物再回到海洋而带有的结构性弱点，人们感到费解，且不禁要问，这是否"值得"。人们可以将每一种动物和植物看成是一个自营"单元"，仅就保温而言，经常生活在极地区域的鲸鱼就要消耗大量的能量。这一层厚厚的脂肪就是一种非常好的保温材料，这层脂肪同时还是作为流线型平衡和轮廓平衡的静力学器官。脂肪因此丧失了能量贮存功能，因为能量库不允许受到侵犯。从另一个角度来看，鲸鱼的觅食也表现出结构性弱点：它们不仅需要从其猎物那里获得能量，还需要获得水。从被捕获的海豚那里人们知道，当它们出于某种原因绝食时，就会非常快地渴死。也就是说，缺水比饥饿更致命。对鲸鱼而言，另一个难点是，它必须到水面呼吸空气（尽管它已通过非常有趣的特殊适应过程部分地解决了呼吸问题）。鲸鱼虽然可以长时间屏住呼吸，但当人类试图用网捕获它们时，它们也会很快溺水而亡。这一点，现代大型海洋馆的捕猎者和饲养员肯定见过很多诸如此类的事件发生。

分娩时，特别困难。鲸鱼和海牛是唯一的、绝不在陆地而一定要在水里生产的哺乳动物，所带来的危险是新生儿溺死。鲸鱼通过非常有趣的本能行为防范了这一问题的发生：生产期间就作好准备，一旦需要，随时可将刚刚出生的幼仔托举到海水的表面。它们还会让小宝贝们头朝上，保持正确的姿势，以使其呼吸口，即所谓的针孔，露在空气中。

众多结构的和行为的辅助机制帮助动物克服了困难、解决了问题。它们多出现在哺乳动物从陆生到水生的结构调整过程中。一方面，人们惊叹于如此经常地出现"考虑周密"的机制和额外发明的"奇迹";另一方面,人们也不得不慨叹,这么重要的适应方向性的改变是完全"值得"的。换言之,水生哺乳动物可以与"有能力的"水生动物及鱼类抗衡。

进化的死胡同

很显然,进化过程是由偶然性决定的,这种偶然性也同样是在当时特定的、具有选择优势的环境中引发变异的。从前面的论述我们可以看到,进化的方向经常会被这样改变。进化轨迹会在生物结构中留下印记,如第二章中"昔日的适应"所描述的那样,这使物种史学者有机会"重构"其发展过程。基因组本身就代表一种不计其数的变异和选择过程的结果,但却没有关于这些发生过程次序的"记录"。因为单个的变异是偶然和无目的发生的,因此,要想重构当时的进化过程,无法实现的概率是天文数字。这一今天看起来自然而然的关于基因和种系变异过程的事实,在很多年以前,就曾被比利时古生物学家路易斯·道罗(Louis Dollo)通过其物种史比较研究得出过结论,并提出"适应不可逆转性"的道罗法则。

适应越专门化,也就意味着,使物种进化至今、环环相扣的突变和选择过程越漫长、越曲折,逆演化就越不可能出现。即便出现对逆演化有利的选择压力，进化也几乎总是选择另一路径，而非其生成之路。例如，当适应了水底生活的鱼类已经废弃了其作为静力学器官的鱼鳔，鱼因此比水重很多，就不再能浮起来了。出于某种原因，它们又生成了可以游泳的构造，但它们不会从"废料间"取回已经被淘汰了的小气泡，而是会"创造"一种新的、羽翼状的平衡器官，这种羽翼大多由胸鳍形成，如鲂鮄科[①]和豹鲂科[②]。正是由于其胸鳍翼状，人们长时间以来误以为它们能够飞翔。

另一个更有说服力的例子是阿贝尔（O. Abel）在其古生物学教科书中所引用的：陆生龟厚重的龟壳是由肋骨和脊椎的棘突延伸并融合而成的。它们也许途经淡水沼泽，成功来到开阔的海域。其陆生祖先厚重的龟壳变轻，这首先是通过脊背外缘的很多缺口（囟门）向脊柱方向延伸形成沟槽而实现的；然后，腹部盔甲退化。这样，就形成了非常轻的、平缓弯曲的流线型龟壳，以适宜远洋。它们从这类高度专门化的远洋海龟中分化出的古地质第三纪的龟的类型，又回到沿海，拥有的坚硬龟壳对这里的生活有利。这类动物体内，通过退化的盔甲骨形成一种新的龟壳，它由马赛克状的不规

[①] 鲂鮄科，体延长，呈纺锤状；或前头部稍平扁，后部渐细。头部完全被骨质甲，有时具棘。有的体被骨板，每板有一强棘。吻端截平，眶前骨有向前突出之角，称为吻突，角缘光滑或有锯齿，故有角鱼之称。——编者注

[②] 豹鲂科，鲉形目的1科，有4属6种，通称豹鲂。体长约300~450毫米。——编者注

则多边形小块拼接而成。这些来到沿海生活的次级海龟的后代再次变成远洋动物，像始新世至上新世出现的棱皮龟科一样，它们重演了盔甲骨消失的过程。借助化石，人们就可以说明先前完全无法解释的事实，即至今仍存活的远洋皮乌龟为什么会有两个上下重叠的龟甲，而且两个龟甲都是再造的，并无特殊作用。

在某种意义上，高度的专门化从长期来看对具体生物来讲总是危险的。这不仅在于它们几乎不可能找到"返回的路"，而且，随着专门化程度的提高，万一已经发生的演化进入死胡同，要想另辟新径的可能性也就越小。那些结构及人造工具的可应用选择都随其专门化程度的提高而降低。

任何一种专门化适应走得越远，越难承受适应对象的改变。燕和雨燕令人称奇地适应了捕捉飞行昆虫的生活，这两类物种群体众多，它们大多数成功地分布在北温带。我们知道，没有任何其他鸟类能像它们一样挺过如此毁灭性的灾难，即在鸟类秋季迁徙之前，昆虫因秋天恶劣天气的突然提前降临而停止飞行。

如果把这种系统发育的专门化适应放在商业企业，就如同为某种新品的生产投入了大量资金，却不知道该产品的销售"景气"还能持续多久；工厂配备越专业化，在遇到不景气的销售环境时，转产就越难。追逐诱人的眼前利益，则将物种发展和企业行为推向离谱的专门化。我在《镜子的背面》一书中谈到，获取资本和信息可带来积极的影响，系统演变就是这么做的，但却无法洞察未来。人类的工业企业处境相同，却常常依然这么做。

种内竞争的影响

自然选择并不首先青睐那些从长远来看对物种有益的过程，而是盲目眷顾那些眼下能带来更多繁殖效果的过程。当这种繁殖效果不依赖于种类之外的环境状况，而取决于种内成员之间的相互作用时，这种盲目性表现得尤为突出。这种种内竞争会引起奇异的、限制物种发展的障碍。当选择性伙伴成为雌性动物的职责时，就培养形成了它们的专用发情器官，通过先天的触发机制实现选择。这种情况在集体发情的鸟类中普遍存在，也可见于高等的哺乳动物中。雄鸟之间的竞争几乎仅限于施展最有效的"展示技巧"上，尤其荒唐的是，把原本肩负其他功能的构造训练成这种有效的信号器官时，由于功能的分化而损害原构造。就像雄性百眼雉属的翅膀被更多地用在扭捏作态上，并以其漂亮如画的眼点吸引异性[①]。成年的百眼雄鸡虽然还能飞行，但实际上已经明显有飞

[①] 雄性百眼雉属最特别之处就在于有很大、很阔及很长的次级飞羽，飞羽上有大眼装饰，即眼点。——编者注

行障碍了。对它们双翅的训练必须在下述两种要求中做出妥协，即要么对飞行有利，要么符合雌鸡的"性趣"。如果这种鸟飞得很糟，会在繁育后代之前被陆地食肉动物吞食；如果它的双翅不足够醒目，它也同样不会有后代，因为雌鸟首先青睐别的雄鸟。

另一个因种内专门化选择而误入歧途的例子涉及一群哺乳动物——鹿。这种动物种群中的大多数雄性成员都长有骨质的大鹿角，它们每年脱落，又长出新的。我们必须正视，这种特殊构造会给鹿类带来什么样的弊端。首先，这意味着巨大的成本，即每年要长出重达数千克的骨骼树。只要鹿角还在生长，并且这"硬物"被绒毛皮肤覆盖着的话，它就特别容易受伤。尤其是对生活在密林中的种群而言，行进会明显受阻。鹿类能相当精准地估测这外凸尖角的大小，并能相当灵活地带着这些鹿角的枝杈在林中穿梭。但所有这一切都是为了选择，因为鹿角在发情几周后的决斗中就会派上用场。除此之外，它还是雌性需要的视觉刺激器官。布贝尼克（Bubenik）父子就曾证实，夸张的人造大鹿角可以把闺房中的雌鹿从最强势的雄鹿那里吸引过来。

被选中的正是眼前和彼时主导性条件下能带来最多后代的行为，而非那些从长远来看对该种群有意义的行为。在这种意义上，该行为是非目的性的。

谋害幼崽属于那种对物种生存既无意义又不利，只对个体基因组有益的特性和行为方式，这种情形在叶猴和狮子种群中可以观察到。在这两类物种当中，一只雄兽拥有整个闺房的多只雌兽，当这雄性"领主"必须屈服于另一位雄性时，它就会和母兽们一道咬死所有活着的后代，而这对其繁育后代是有利的，因为母兽借此提早进入新的发情期，并可与新的雄兽"领主"交配。前"领主"的后代们死后，发生了什么，人们似乎不得而知。一些观察者如杉山（Y. Sugiyama）将上述猿类谋害幼崽的行为描述成例外的病理现象，由于这种现象非常罕见，上述观点也并非完全不可能。

本节讨论的选择功能对所涉及物种的生存是明显有害的，我认为，这正是支持下面假设的强有力论据，即进化过程不存在内置的计划——为的是使适应向更加完美的方向发展，更不会为了促其产生"向上"的发展趋势。

对特定环境的适应就是借此获取信息。种内选择仅影响到有关竞争对手间的特征信息，该物种通过种内专门化选择，丧失了"获知"外部世界信息的机会，极易陷入进化的、毫无目的的死胡同。

退化式进化或"复杂性的降低"

在前面的章节中，我们充分阐述了进化可以从已达到的某种发展水平沿着任意方向继续发展，并盲目地迎合可能出现的、新的选择压力的情形。我们希望澄清，在使用过的"进化方向"这个术语中首先包含的是一个不假思索的价值判断。这点，我们还将在本书的第二部分作进一步探讨。就当前而言，只要我们中的每一个人都知道，当人们提到高等生物或低等生物是什么意思就完全足够了。

本节只探讨看起来可能导致价值减值的进化方向问题。为这一过程找到一个准确的术语几乎是不可能的。退化、颓废或变种等词汇都有与上述过程含义不符之处。"退化式进化"也许是最好的表达。这个概念内涵要求如此特殊，我试着在列举完一个令人印象深刻的例子之后，称它为"复杂性的降低"。我之所以选择这个含义明确但仍需额外定义的词，是因为有这样一个物种的存在，通过它们我们可以特别清晰地看出这个退化式进化的过程。蟹奴虫可能是桡足亚纲[1]某一大家族的后代，也许是蔓足亚纲[2]的后代。刚刚破壳而出的幼体是一种典型的无节幼虫，也就是说，这只六足小蟹能快速划水，且拥有中枢神经系统，这样的设计使它能够寻找理想的可寄居海滩蟹，又称岸蟹，并有目的地在其头胸部与

---

[1] 桡足亚纲是一类小型的甲壳动物，广布于海洋、淡水或半咸水，其中绝大多数生活于海洋。——编者注

[2] 蔓足亚纲，全部海生，成体固着生活，背甲变成石灰质的外壳、包被体或全身。头部不明显，一般为雌雄同体。——编者注

尾部交界处的腹面附着并钻洞。一旦此招奏效，从小蟹前段长出皮囊连通寄主身体，这些没有结构的皮囊像真菌的菌丝体一样穿透它的温床，即蟹的身体，然后寄生虫的眼睛、四肢及神经系统完全消失；它在寄主体外生长发育成一个巨大的性腺，该腺体在较大蟹类那里可长成樱桃般大小。

类似的现象发生在很多寄生虫身上，除此之外，却也出现在很多动物种类中，它们不但不被当作害虫，反而为其所用，即所谓的共生现象。共生这一退化式进化现象显示，诸如很多家畜，它们渐渐丧失了所有那些特殊的、它们祖先所具有的野外独立生存所不可缺少的适应能力。与它们未经驯化的祖先相比，几乎所有家畜都丧失了许多运动机能；它们仅获得了那些对人类有益的特性，以及通过人类有意或无意的选择而形成的特征。传统意义上，人们称这个"变成家畜"的过程为驯化。用人类的美学标准来评价大多数驯化现象的话，驯化是负面的，朱利安·赫胥黎（Julian Huxley）[1]就称这是一种"庸俗化"的过程。

事实上，家畜与其大多数未经驯化的祖先相比，显得更"高贵"，但至少我们可以列举两个颇有寓意的反例。在

---

[1] 朱利安·赫胥黎（1887~1975），英国著名的动物学家、哲学家、教育家和作家，现代进化论创始人。作为生物学家，他提倡自然选择，亦是现代综合理论中在20世纪中叶的一位重要人物。——编者注

教学中，我总是试图将动物的野生和驯化形态并列展示，一次无意颠倒了一匹阿拉伯纯种马和一匹普尔热瓦尔斯基氏野马的次序，即便知情者也需花数秒钟才能确定，阿拉伯马应是普氏野马的驯化形式。从审美意义上，对马适用的判断也同样适用于狗的社会行为方式。人类对原本已经高度社会化的野生动物实施了约14 000多年的严格选择过程，发展出那些属于人类美德的特性：爱的能力、忠诚、勇气、坚强和服从。如果在这期间产生的各项美德都超过了我们人类，那将是何等奇观。

在寄生和共生现象中，进化的前提是必须与另一生命体形成新的生存伙伴关系，这种生存方式使寄生者或其同伴的某些功能退化了。岸蟹觅食，提供安全保障，完成不可尽数的其他功能，寄生者则"依赖于"寄主对它的接纳。同样，家畜也依赖于人类的能力。

有一个问题非常重要，即在没有别的生存形式，如寄主或共生体，代理执行其功能时，是否退化式进化仍可出现？我们知道一个确信的例子，就是在处于自然生活且非寄生状态下的洞熊身上发生的驯化现象。威廉·冯·马里内利（Wilhelm von Marinelli）在研究来自于施蒂利亚州①的米

---

① 施蒂利亚州，奥地利的一个联邦，位于奥地利的东南部。——译者注

克斯尼茨附近的龙洞中的洞熊骨骼时发现了这种明确的驯化现象。除此之外，在整个动物界中，我们仅在家养动物，尤其是家狗身上看到过这种现象。洞熊曾是它那个时代的标准化石，也是其生存空间中体型最大和最善防御的动物，那时肯定不存在更大的、能战胜洞熊的食肉动物。

这是唯一的迹象，可以表明当没有寄主或共生伙伴替代其正在消失、变异的功能时，退化式进化现象依然可以出现。这个问题之所以对人类生命攸关，是因为我们人种今天已经在躯体上无疑显现出驯化现象，因为人类专属特征和能力的减少会招致非人性的恐怖幽灵。从获取环境信息的数量来看，寄生虫的信息量很小，这与我们凭感觉对寄生虫的负面评价完全吻合。除了从它们的寄主那里了解的信息外，没有丝毫关于成年的蟹奴虫生存空间的信息。

第三章 创新性的进化

适应是一种认知过程

今天，由曼弗雷德·艾根（Manfred Eigen）[1]的研究成果我们得知，生命的形成绝非极其偶然，并不像主张非活力论的生物学家和哲学家一直以来所认为的那样。鲁珀特·里德（Rupert Riedl）[2]在《起源的战略》一书中也令人信服地指出，这种偶然受到多重约束：不仅通过间或的发展获益，尤其还通过基因间的复杂相互关系获益，根本不像人们以往所设想的那样，这些基因独立地各司其职。

---

① 曼弗雷德·艾根（1927~），德国化学家及生物物理学家，1967年获得诺贝尔化学奖。——编者注
② 鲁珀特·里德（1925~2005），奥地利科学家，在进化论领域卓有建树。——编者注

　　我们仍然坚信，那种能改善有机体生存境遇的变异是非常不可能出现的，倒是这种不可能性存在另一面，变异为有机体战胜环境创造了新的可能性，同时也付出了相应的代价。任何为有机体适应环境提供新可能性的变异，都不折不扣地意味着新的关于环境的信息进入有机系统内部。适应是一种必要的认知过程，这种洞见有助于我们理解，种内选择恰恰不会促进适应：那些有机体通过种内选择获得的认知信息与环境无关，它们仅与该物种的自身特性有关。

　　选择所改变的物质总是由表型特征构成，而这些特征是建立在纯粹偶然的变化、遗传物质的新组合或诱发变异的基础上的。我们有理由认为，进化遵循偶然性和剔除性原则；然而，这种说法似乎又不可能，因为，我们这个星球存在的寥寥几十亿年不足以实现如下过程，即从类似病毒的前生命现象进化成高等动物和人类。我们从曼弗雷德·艾根那里得知，偶然的可能作用会"受到制约"，一方面受制于元素的化学性质，另一方面受制于基因之间复杂的交互作用。正如里德所指出的那样，基因绝不像人们曾认为的那样相互独立地发挥作用。

　　我们依然认为，那种能改善物种生存机会的突变是极不可能发生的。然而，与这种不可能性相对的同样是显著改善的生长和繁殖机会，这种改善来自于一系列幸运变异的结果。通过新的适应所获得的知识收益，还会进一步带来"资本增值"的利息收益，即随之而来的后代成活数的增加。这个数量的增加，可能性的增大，使这些后代中的某个成员成为下一次变异的"中标者"。在所有生物体中，都存在一种知识收益和资本增值的正反馈效应，这种循环效果在通过与商业企业的对比中，显得更加清晰：一家大型化工企业定期将其纯利润的绝大部分投资于其实验室研究，那么，它就有理由预期，这样获得的知识收益会进一步带来高于投入的资本收益。（严格来说，这不是一个比喻，而是一个特例；工业康采恩①是一种动态的系统。）

对一定环境的适应总是意味着一个相符物的形成，它从某种程度上来说就是这个环境的一幅画面。在这种情形之下，唐纳德·麦凯（Donald Mackay）②所称的"临摹信息"绝非信息理论的概念。从最早的前生命现象中最简单分子的适应直到能思考人类的科学世界观，这中间经历了一系列无空缺的过渡过程。

然而，这种进化过程中的进步并不是我想要阐述的创造性进化。我之所以如此详尽地描述原始进化的曲折之路，是

① 康采恩是德语konzern的音译，原意为多种企业集团。这是一种规模庞大而复杂的资本主义垄断组织形式。——编者注
② 唐纳德·麦凯(1936~)，加拿大环境化学科学家。——编者注

因为它清楚地表明，有机发展过程并不存在一个预先确定的方向。经常被引用的三角洲的例子（至少）在下面这一点上不适用于进化过程：与水总是往低处流相反，有些物种在进化中会出现逆演化。对于病毒，人们甚至可以说，它的形成把有生命物质导回至非生命物质。

然而，首先我们必须明白，生物对其环境良好、可靠的适应状态不应与其发展水平画等号，即使这种适应状态非常细化且已历经漫长、复杂的进化道路。草履虫对其特殊环境的适应和人类对自身环境的适应一样好。如果考察世界上两个物种在不久的将来的生存能力，"低等"生物的前景甚至要好得多。完美的适应性不见得适宜用来定义"高等"生物，其他诸如复杂程度、分化程度的高低以及部分与整体归属构造等也是如此。最好，可将信息含量的规模作为衡量有机发展"高低"的标准。

通向高等生物之路

生命系统的发展轨迹取决于内部和外部的偶然性；用曼弗雷德·艾根的话说，生命现象的发生是"一种游戏，一种除了游戏规则之外，其余都不确定的游戏"。虽然，进化原则上是没有目的的，但它是一个认知过程。我们认识到，所有预先确定的都是错误的，这使我们可以认识到事实的真相：每一特定时代中最高等的生物都无一例外地比它们先前时代的"高等些"。我们必须重新审视自身的价值观，我们愿意怀疑，泥盆纪的鲨鱼就比寒武纪的三叶草高等，石炭纪的两栖纲的爬行动物就比中生代的鲨鱼和爬行动物高等。

外部世界的真实无疑与这种不合理性的评价相矛盾，这种真实要求一个解释，我们暂且可以给出相对不确定的假设。适应本身只是一个认知过程，而非创造性过程，这不仅是对认知的客体而言，即"需要了解的对象"；随着时代的发展越来越多样化，对认知的主体也是如此。大家一起玩的游戏不仅发生在生物和无机物界之间，而且还发生在不计其数的现存生物之间。该游戏的特点完全不再是到处为生存而抗争，而经常在很大程度上表现为一种联合游戏，一种共生。生态系统是由不计其数的既相互促进又相互制约的互动关系构成的非常复杂的结构，我们假定，它是这种无数有机体的相互作用的游戏，这种交互作用使进化变得富有创造性。并非什么包罗万象的准则，而是近亲的和时常非常相似物种的相互作用，才会带来从未曾出现过的一系列"发明"。

来自于技术领域的例子显示，选择的压力首先来自邻近系统，这种压力引起更高度的分化和系统的复杂性。亨利·福特第一款世界范围内广为人知的产品，即所谓的福特

T型车，当时完全击败了马车。用户都对两缸驱动装置感到满意，尽管只要一挡在工作状态，驾驶者就必须一直紧踩着踏板不放（一位虔诚的老奶奶对此车满意程度的描述在当时被传为佳话："如果上帝想让福特车有三缸驱动，他就会造一个"）。后来迫使福特造出多缸驱动汽车的并非当时的马车厂家，而是来自其他汽车企业的竞争。

像在许多共存系统中所发生的那样，大家一起玩的游戏是一个推进进化并使其具有创造性的重要因素，支持这个假设的一个理由存在于以下事实中，即当同类物种间的相互作用消失时，单个物种的物种史发展就几近停滞。这尤其会出现在一个被隔绝的生态位中。我们认识"活化石"主要来自深海层，给人留下深刻印象的例子是叶足类的淡水蟹中的蟹形鲎虫，它生活在洪水过后的小水塘，水塘短时间内有水，而且根本不可能每年都有水，该物种在水塘没水的时候生活在卵里，以经受干旱和霜冻，不致受到伤害。这种蟹形鲎虫就曾出现在我家乡附近洪水侵蚀过的草坪里，得益于我幼年时对水族动物行为的好奇和由此而萌发的对叶足类蟹的特殊兴趣，我可以肯定地说，蟹形鲎虫曾出现在1909年、1937年和1949年（1940~1949年由于战争的原因，观察活动中断）。重要的事实是，该物种在三叠纪中期就被证明存在过，而且是通过保存完好的、由毛发演变的过滤装置完全从化石印迹上确认出这个物种，而非别的同类。

是一种什么样的力量将物种不断向"上"推？也许是有机体进化过程中总是必须创造新生态位的原因，因为现存的"已经被占用"了。当有机体具备两种不同功能性适应时，也会出现类似的情形。这时，它就占有两个生态位。同样，当生命体拥有多种行为时，每种都必须在完全确定的环境条件中找到自己的生态位。在这种情况下，一个较高级的"指挥所"是必需的，它有能力将多个潜在的、可能的行为都置于受拟制的状态，以成全一个适应眼下处境的行为。"做出决定"常用于表达针对较高等的过程。然而，埃里希·冯·霍尔斯特（Erich von Holst）[1]正是用蚯蚓向人们展示了这种"类似大脑"的组织所拥有的最原始和最重要的能力，这种组织实际上是蚯蚓或其他节肢动物上咽部的神经节。这样的"指挥部"长期确保了这种动物内部刺激机制的运行，如限制一些"可供选择的"运动模式，放开一种运动模式，因后者能在当前条件下最好地发挥功能。这个指挥所从感觉器官那里获得信息，了解目前所处的特殊环境条件。同时，它还拥有基因编码的信息，即什么样的行为"适应"什么样的环境。动物越拥有离散行为的可能性，它的中枢器

[1] 埃里希·冯·霍尔斯特（1908~1962），德国行为生理学家。——编者注

官就应该有越多、越强的能力，以确保一定水准的管理。

我们知道有些相当简单的动物，如海星和部分蜗牛类，它们能较好地适应复杂的空间环境，有能力培养自己的行为习惯，能通过相当复杂的草场找回自己的出发地。有些帽贝类背壳的生长适应了它所吸附的表面（如岩石）凹凸不平的特征，从而使自己紧紧吸住而不被（如海水）揪扯开，这种特殊的原路返回的意义是明显的。另一些简单动物能在水中异常快速地游泳，如箭虫，就其身长比例而言，它可能是目前现存动物中持续游泳游得最快的动物，但它却不具备识别固定障碍物的能力，这使其游泳范围受到限制。

如果我们要寻找那些既能学会应对复杂空间结构，又能在水中闪电般游泳的动物，就必须提升档次，在更高级的动物中去寻找，如刺鳍鱼类。它们可以通过空间训练，熟悉珊瑚礁中空间结构丰富的群落生活道路，这种路径习惯通过探索行为获得。那些坚守自己领地的鱼类"知道"从其领地的每一个角落通向安全庇护所的最短线路。这种鱼类的进化水平出奇的高，它们总是以它们的好奇心和"非鱼类特质的"智商让人惊讶。

文化的进化

人类历史告诉我们，文化进化方向会像动植物的基因遗传一样，踏上一条曲折的道路。另外一个很确定的事实是，文化的进化，也如朱利安·赫胥黎所称的社会心理学，比系统发生的速度快数倍之多。我在《镜子的背面》一书中对自然认识论进行了探索性研究，并提出假设，人类的抽象思维是通过多个已经存在的认识能力整合而来的，它们当中首先要提到的是对空间的感知能力。我认为，这些时间和空间的直观形式实际上就是一个，也就是时空中的运动直觉形式。

第二种重要的认识能力是形状感知的抽象能力，即借助空间感形成抽象思维新的系统功能，没有它，我们根本无法想象恒定的对象；第三种则是对观察对象的、源于朴实兴趣的探索行为。对环境世界的客观探索肯定会导致特定物种在变成人类的关口中发现如下事实，即它那只触碰对象的手，就如同被探索的外部真实世界一样。在这一刹那，第一个从触摸到理解的跨越完成。

诺姆·乔姆斯基（Noam Chomsky）[①]认为，抽象思维的形成首先服务于对外部世界的掌控，然后才与语言建立联系，这一假设的论据多少有些牵强；而我认为，抽象思维和语言携手同生，因为即便刚发现通往概念之路时，也会找到

---

① 诺姆·乔姆斯基（1928~），麻省理工学院语言学的荣誉退休教授。乔姆斯基的《生成语法》被认为是20世纪理论语言学研究上最伟大的贡献。——译者注

语言符号来标注。

抽象思维和语言文字的形成有其不可预见的生物学后果，生物学家们在发现进化规律以来一直争论不休，到底人们已经获得的特征是否可以遗传下来。几年前，一则颇具讽刺意味的警句令我印象深刻："通常不发生的事情，研究者常常是清楚的；当例外发生时，研究者会把这个例外当成规律。"新形成的、人类从未曾有过的抽象思维使得已经获得的除基因外的特征遗传成为可能。如果某人发明了弓和箭，首先他的家族和部落拥有它们，很快整个人类就会拥有这个有用的工具，要想再遗忘它，可能性不会高于废弃一个重要性相当的身体器官的可能性。人类巨大的适应能力在其可以想见的不同生存空间里得到了进一步的发展，文化进化的特征就是"高速度"。

抽象思维和语言文字的第二个，也许更重要的后果是纽带作用，通过它把个体连接起来。知识的快速传播以及社会群体中观点的整合，创造着前所未有的团结和友爱。人们通过这些纽带形成大小不等的群体，共同的知识、能力和意愿创造出整体文化。对我来说，精神同样是一种通过抽象思维、语言文字和共同传统形成的人类社会的基本功能，它是社会性的。我曾说过，人仅对自己来说不能称之为人，只有当他成为某精神群体的一分子时，他才是一个完全的人。原则上，精神生活是一种高于个体之上的生活，精神共同体的个体的、具体的实现我们称之为文化。

有生命的文化

尽管纯粹的基因或生物进化和文化的精神化之间的差距很大，或许尼古拉·哈特曼（Nicola Hartmann）[1]会称之为裂缝，但两者都遵循发展的基本规律。认为文化发展可以通过理性和精神知识安全地导向"更高级"方向的假设是错误的。没有任何尚未成为人类基本功能的东西会在被整合形成抽象思维的过程中被忽视；也没有什么失去些许重要性。所有的功能在人类身上都比在任何一种动物那里发展得更好，即便这些功能对动物生存更重要。好奇是鼠类最重要的生存能力，然而人类比它们更好奇。对事物整体形状的视觉感知能力是部分鸟类最重要的生存技能之一，然而人类在这方面更强，以此类推。

人类精神依赖于一些基本能力，尤其是它们之间的相互平衡。与其构成的每个单独的、不可或缺的子功能相比，这种平衡更容易受到干扰，一方面多一点、另一方面少一点都会导致精神发病。按我前面对精神概念的定义，这必定是一

---

[1] 尼古拉·哈特曼（1882~1950），德国现代哲学家。——编者注

种传染病。

　　人类历史无情地告诉我们这样的事实，文化也会像其他所有生命系统一样走向消亡。比较研究中，奥斯瓦尔德·施本格勒指出，人类文化处在坟墓的边缘。本书前言中已经提到，奥斯瓦尔德·施本格勒正是被卡尔·波普尔称为"历史学家"的人。他相信，高度文明的老化和走向没落在逻辑上是可预测的，也就是说，基本上所有文化都可以用"时间逻辑"和"自然年龄"来解释。

　　没有什么比宿命论离进化认识论者和医生更远，因此，我有责任探索我们文化衰落的原因，如果可行的话，再提出阻止衰落的对策。在《镜子的背面》一书与此节标题同名的文章中，我对在哪些方面文化的发展与动植物物种的发展类似的问题进行了探讨。这些过程发生在非常不同的层面上；然而，两种体系都是一个"权力与知识获取相交织的行为"。

　　这两种不同发展模式的类似度是如此之高，以至于形成了一系列类似的研究方法。文化史，尤其是历史语言学的研究就采用与物种史研究同样的方法，并通过与现存体系的相似性与非相似性来研究它们的起源，进而勾勒出其共同的祖先形式。直到进入19世纪，历史哲学学者一直尝试建立一个统一的历史发展理论。阿诺尔德·汤因比（Arnold

Toynbee）[1]等指出，人类文化的发展完全呈现出一个无规则分支的决策树状，就像我的教科书中关于生命起源的示意图一样。

据我所知，爱利克·埃里克森（Erik Erikson）[2]是将物种进化树和历史文化发展脉络并列进行研究的第一人，他首次提出"伪形态"，亦即"准形态"这一贴切表述。在很多方面，文化群体之间的行为方式，与不同但非常近亲的动物物种相类似。这里，我特别强调了这种近亲关系，因为，在同一个生存空间的两种人类文化在其生态发展过程中，从未出现过距离远到没有竞争的情况，就像两种近亲鸭类，如琵嘴鸭和绿头鸭可以和谐地生活在一起那样。在上面提到书的相关章节中，我谈到了文化历史的习俗形成和实际有效的文化稳定性，正是它们使文化群体得以区分建构。

文化中的遗传和变异

今天，受惯性思维驱使，人们提到遗传就自然会想到一定是指基因、生物的过程，一种将物种史进化所获得的信息传递给后代的过程，以至于倾向于忘记这个概念的原始法律

---

[1]　阿诺尔德·汤因比（1852~1883），英国历史学家，专门研究经济发展史。其侄子阿诺尔德·约瑟夫·汤因比更是赫赫有名的历史学家。——编者注
[2]　爱利克·埃里克森（1902~1994），美国神经病学家，著名的发展心理学家和精神分析学家。——编者注

含义。提醒这一点是必要的，因为在文化形成过程中，那些不变的传承在一定意义上成为传统，它不是通过基因固定下来的行为准则，但与系统发育中基因信息的不变传承有着非常相似之处。与在系统发育中遗传构象的改变一样，文化中这种对准则的偏离对其发展进步同样是不可缺少的。

那些通过我们文化传统流传下来的、社会行为的程式性准则，向我们展示出一个非常复杂的、支撑人类社会的"骨架"，没有它的支撑，似乎难以形成文化。像所有骨架一样，文化在发挥其"支撑"作用时也会付出高昂的代价，亦即它们通常必须放弃一定程度的自由。蠕虫可以将自己的身体在任何一点上弯曲；而我们人类只能将自己的身体围绕有关节的地方活动。要建立一个新的、寄希望于有更强适应性的支撑结构，就必须先减掉一部分旧的支撑结构，在削减和重建之间必然存在一个可用性增大的过程（螃蟹蜕壳是一个形象的例子，它甩掉外壳，以求更大的增长空间）。

如我所信，人类有一种内在的生命延续机制，它能确保文化结构尽可能地改变而不会伤及文化传统中包含的总体信息。像为了保证物种的正常发展必须精确测算其突变率一样，在文化问题上，每种文化也必须有一个可能变化的最大尺度。青少年随着叛逆期的临近，开始无视那些通过家庭传统获得的社会行为礼仪和准则。与此同时，他们对新的理想变得敏感，并把它变成自己的事而愿意不顾一切地为之奋斗。这种传统观念和理想意义上的"换羽"或"蜕壳"，是人类个体发展中一个有风险的问题阶段，处在这个阶段中的青少年极易受到灌输的影响。

然而，这个危险阶段在人的个体成长过程中却是不可或缺的，因为它提供了文化传统以遗传为主之外的、诸多改变中的一种可能性。这种对人生目标的评价危机就像一扇向新思想、新知识敞开的门，随后，这些思想和知识可以再被整合，进入文化的结构中。否则，所有文化将是僵化的。然而，这种机制的文化及其代代相传的功能，是以其能在传统的不变性和新的适应能力之间找到某种平衡状态为前提条件的。为此，它不得不甩掉一些传统的承袭。与物种进化发展完全一样，在文化发展中过度保守会成为"活的化石"；反之，过度的改变则会导致异常。作为社会行为异常发展的例子，应该提到的是恐怖主义和一些极端宗教组织。

上面提到的那种具有如下功能的机制，既能传承文化发展中所积累的传统信息，又能为新信息的获取敞开方便之门。而这种机制在我们西方文化中显然出了问题，刚刚提到的那些极端现象的时常发生就是明证。当今，很多青少年似乎以为，我们文化传统中所包含的所有信息并非不可或缺。

他们"将洗澡盆和家长一起倒掉",完全站在老一代人的对立面。这种代际矛盾的根源无疑是我们以技术为主导的文化的过快发展,一代人与其下一代人之间的兴趣差距越来越大。托马斯·曼（Thomas Mann）①在《约瑟夫和他的兄弟们》一书中对此就有绝妙描述,在圣经时代,文化发展的脚步从一代到下一代是如此之小,以至于不仅对父辈的认同是自然而然的事,而且更进一步说,人们实际上就持有父辈的观点并接受父辈的名声。随着人类文明跳跃式的高速发展,代与代之间变得越来越不相似。不可否认的事实是,那些必被每一代人抛弃的传统的数量正在一代代地增加。数十年前,人们还能接受诸如英文格言"无论对还是错,祖国就是祖国"（Right or wrong, my country）,而今天就不再能承担其道德责任了。

当所有文明人代与代之间变得越来越不同、越来越陌生的时候,整个地球上人类的同一代却变得越来越相似。世界范围内交通和运输方式的拓展,以及日益广泛传播的媒体都使所谓的地球村变小,原本那些可被视作民族特性的特征日渐消失。几年前,人们还肯定可以从服装款式上区分德国人、英国人和美国人,今天,这已是不可能了,尤其是来自

①　托马斯·曼（1875~1955）,德国作家。1924年长篇小说《魔山》的发表,使作家誉满全球。——编者注

工业国家的青年人，他们的外表举止变得极其相似。

情绪化组成的、有自我标识和理想的新组织使得这些年轻人无法被识别，已被实践传承的知识的价值太小，随时准备毫不妥协地放弃这些传承。他们误以为，全盘抛弃一种旧文化，就能非常自然地立刻产生一种新的、更好的文化。

我们必须正视这样的事实：在世界发展进程中，不存在任何有目的的、预先确定的东西能保护我们的文化。我们必须清楚，责任是需要人类自己来承担的，既要保证文化不走向误区，又要避免文化变得僵化。

文化发展的无计划性

正如其他有生命的系统一样，所有文化的发展都没有任何预先存在的计划，它们各自承担责任和风险。很多人难以看清这样的事实，即人类文化"向更高级"发展绝非仅仅通过人们的价值感知、理性和良好意愿就能得以控制。

我们今天绝不能忽视任何对人类文化发展产生影响的要素，并且迫切希望，其中的价值观能扮演越来越重要的角色。就像我们今天这个星球上的事情一样，在文化发展中，似乎也进行着大家一起玩的、没有确定目标的游戏，而只是根据生命的基本属性，朝着我们所评估的方向发展。促使大的有机变化向上发展的是选择压力和要求的多样性。根据汉斯·弗赖尔（Hans Freyer）[1]的观点，在不同文化发生碰撞的地方，如农业文化和游牧文化的重叠和交融，曾经非常突然地呈现出文明的繁荣。我们必须注意这样一个让人清醒的事实，我们文化的发展方向并不仅由最好的理想和价值观决定，这个方向似乎更遵循那些原始的、在我们祖先之前就存在的因素。

在前面的章节中我们已经阐明，创新发展显然只有在很多参与者参加到"大家一起玩的游戏"中才可能实现。如弗赖尔所述，在先前文化的发展过程中也是如此。然而，今天只有一种"文化"在定调：地球上所有高度文明的民族都用相同的武器打仗，使用相同的技术，这是决定性的，还在相同的世界市场上交易，并试图用相同的手段占取彼此的便宜。

简言之，就人类文化的进一步发展前景而言，如果种内选择已经启动的话，那么我们面临着和动物物种的未来发展相类似的主导环境。所以，前景都是出奇的阴霾。

游戏者

本章探讨创造过程，就必须涉及那些发生在人的头脑、集体和社会层面上，以及人类精神中的过程。在完全特定的

---

[1]　汉斯·弗赖尔（1887~1969），德国保守的社会学家和哲学家。——编者注

意义上，那些在人类，也只有人类身上发生的创造性过程才是游戏。弗里德里希·冯·席勒（Friedrich von Schiller）[1]曾说过，只有当人玩耍或游戏的时候，他才是完全的人。当曼弗雷德·艾根将其开创性著作取名为《游戏》时，就意味着创造性原则等同于对众多子系统的区分和整体把握，从这些复杂的子系统的多样性中，根据一些以无法理解的方式给定的游戏规则，创造出了新东西，让我们感觉且必须感觉它层次更高，就像它是其自身产生的要素一样。

　　在动物界，好奇行为很难与玩耍或游戏区分开来，研究和游戏的密切关系我从未弄明白过，直到那个幸运的夏天，和尼古拉斯·廷贝亨（Nikolaas Niko Tinbergen）[2]在阿登堡城，我们玩了灰鹅的"滚鹅蛋行为"游戏，并就此合写了一篇学术论文。本杰明·富兰克林（Benjamin Franklin）[3]拉着潮湿的风筝线从雷电中获取电，肯定不是为了发明避雷针这个目标而从事的目的导向性行为。

　　目标的强烈诱惑作用会拟制与那些可组合出问题答案要素"尽情游戏"能力的发挥。沃尔夫冈·苛伊勒（Wolfgang

---

[1]　希·冯·席勒（1759~1805），德国18世纪著名诗人、哲学家、历史学家和剧作家，德国启蒙文学的代表人物之一。——编者注
[2]　尼古拉斯·廷贝亨（1907~1988），荷兰动物行为学家与鸟类学家。——编者注
[3]　本杰明·富兰克林（1706~1790），18世纪美国最伟大的科学家和发明家，著名的政治家、外交家、哲学家、文学家和航海家，以及美国独立战争的伟大领袖。——编者注

Köhler）①讲述了他的黑猩猩苏丹是怎样把一根分成两节的钓竿插接起来去获得一根香蕉的。当时的情况是，仅用其中任一节钓竿都无法够到香蕉。它或悻然离去，或"无目的"地拿两节小棍子玩耍。当黑猩猩发现，一根小棍可以插入另一根内时，它就马上意识到，它拥有了一个可以实现目标的工具。

类似的过程很可能发生在每一次工具的发明上，然后着手制作这个已知的工具，这是一个纯粹的有目的的行为，被我们称之为劳动。劳动可因为"功能控"，即对以自身能力的喜悦，而变成以劳动自身为目的的行为，这就会带来一定的风险。我们将在第八章探讨这个问题。本章我们关心的是创造性过程，因而，我们讨论另一种对能力的愉悦：具有不同类型运动能力的人类不会不借此游戏的，艺术源于能力和游戏。最原始的艺术就是舞蹈，其原始形式在黑猩猩那里已有显现。然而，在每一个有目的导向的行动中，游戏可以发生在行为过程的任何一个环节当中，在生产耐用品时，劳动者忍不住去做一些不是必须，但却能给该产品带来美化效果的事情。这个劳动者生产的产品就获得了从游戏者的创造力那里带来的奇特生命。在宗教领域，这种劳动创造就独立成

① 沃尔夫冈·苛伊勒（1887~1967），德国格式塔心理学家。——编者注

为宗教信物，正如汉斯·弗赖尔所描述的那样，最早的艺术作品显然都具有这种宗教本质。

卡尔·布勒（Karl Bühler）[1]一直强调，感知是一种行动。每一个认知结果都可以比作是探索行为。真实的外部世界在每一种有机体中形成的图像都是不完整和有差异的，但它给有机体，不论是草履虫还是人类，都提供了信息，如果我们比较这些信息，它们绝不会矛盾，只会因在具体细节上的信息含量有别。无论如何，有机体总是会通过做些什么的方式来获得这些信息的。

科学源于人类系统发生和个体发生层面的探索与好奇行为，它从本质上来讲和艺术结缘，与好奇行为和游戏结缘一样。二者联合是其正常运转的一个非常重要的先决条件：按古斯塔夫·巴利（Gustav Bally）[2]引用库尔特·勒温（Kurt Lewin）[3]的概念来说，它们都需"放松的空间"。换句话说，游戏和好奇行为皆有各自的动机；但既非游戏，也非探索拥有他属的动机。乌鸦们围绕着一个它们不熟悉的物体一个接一个地尝试它，上演着一出丰富的行为方式的剧情，它

---

[1] 卡尔·布勒（1879~1963），德国心理学家，他是维也纳心理研究所的创办者和领导人，也是夏洛特·布勒的丈夫。——编者注
[2] 古斯塔夫·巴利（1893~1966），德国精神分析学家。——编者注
[3] 库尔特·勒温（1890~1947），德国心理学家，他试图用团体动力学的理论来解决社会实际问题，这一理论对以后的社会心理学发展有很大的影响。——编者注

们中没有哪个会被这种逐渐变成游戏的行为，或"严肃点"说，被这种运动模式所激发而运动。正相反，如果出现这样的乌鸦，它们会立刻停止游戏式探索，围绕它做同样的事。

原则上，所有这些对人类艺术和科学研究适用的一切，也同样适用于动物的游戏和好奇行为。这样来看，从严格意义上讲，就没有"应用艺术"，更没有应用科学，只有对艺术或科学的应用。

"为艺术而艺术"的法则具有普适性，科学研究也有非常类似的规律。游戏的自由显然对从事研究活动的人的创造性同样是不可或缺的，这种自由是所有的创造过程（也包括系统发生过程）的先决条件。实现目标之路，或实现事后被证明是值得追求的目标的途径，通常在初期会将人们引入一个完全没有预期的，甚至看似反常的方向。即使一只鸡，欲觅得栅栏后面放置的一块面包时，诱饵离栅栏越近，它觅食的需求就越强烈，就越难找到绕开栅栏的路。研究者的思想游戏缺少一种较精确定义的目标，这与研究系统进化中生命现象的游戏并无二致。研究者并不知道他将发现什么，他的完形感知只告诉他一个大致的信息，即在什么样的方向上可能存在有趣的"疑似对象"。然而，至于这个有趣的东西到底是什么，研究者必须通过一系列的方法，诸如试错、假设和证伪来获知，这个过程与发现有机变化中的突变和选择的情形相同。

有些问题，人们可以发问，即使他们必须预先假定其不可回答。那么，就这些问题投机是被允许的：我相信，不仅艺术，而且人类对知识的追求都是大型游戏的表现形式，游戏中可以确定的只有游戏规则；它们只是来自于人类存在的特殊创造现象。在这个被我等同于信仰信念的基础上，我尝试在本书的第二部分对现实和人类价值观对生存的重要性进行证明。

第二部分

『纯』主观的真实

人类会走向哪里是不可预测的，这一过程只能由人类自身决定，所有引发基因或文化创造性进化的外部因素在此都不起作用。人类将变成一个充满真实人性的群体，还是变成一个非人性的、被剥夺了权力的严密组织，完全取决于我们是否能够抵制那些非理性的价值观念的误导。如果我们要认真审视这些观念，并将它们作为绝对命令来服从的话，我们就必须首先信服它们的真实。本书的第二部分就旨在阐明这种信念。

第四章 躯体-灵魂-问题

现象学方法的合法化

在本书第一部分，我反驳了世界现象是预定的、受目的驱使的这样一种误信。这是非常必要的，因为，一旦确信世界发展是预先确定的和有目的导向的，就会解脱人类应该承担的责任，进而迎合技术决定论的需求，而其已在当今造成了有害影响。

在第三部分，那种在我看来等同于本体论还原主义的思维方式被当成一种精神疫病展示出来，讨论了其特定的社会和文化历史根源。一些关于人类各种认知机制的一般认识论思考必须首先探讨。

简单地说，科学主义可定义为一种信仰，它认为只有那些能通过精确自然科学术语表达并量化证明的才是真实的，因此，测量和计算被认为是人类认知唯一合法的科学方法。这种观点是错误的，即认为人们可以获得"更客观的"知识，而无须借助认知系统——给我们提供信息的看法。作一个比喻，这就像人们把透过老式非消色差透镜看到的所有轮廓的彩色边缘当作物体的特性，而非取像设备的特性一样。类似这种对属性错误归因的典型例子，就是歌德色彩理论的部分依据。据我所知，物理学家P·W·布里奇曼（P.W. Bridgman）[1]是第一个注意到我们人类的认知能力和取得认知设备之间的关系的。他明确指出，必须对认知过程和认知对象同时进行观察，割裂观察是不正确的。关于客观化过程，我以自己的例子来说明：我摸孙子的脸颊，感到灼热，但我一点也不会认为他真的生病了，因为我知道，我从冬日的花园回来，手冰冷异常，我的冷热感因此而变得敏感。这种对冷热感"仅"因主观认识就会引起偏差的知识，使我感受到主观之外现实的正确客观化问题。

将主观现象及其固有规律纳入观察对象，不仅是我们尽可能客观认识外部世界的根本需要，尤其当将认识主体

[1]　P·W·布里奇曼（1882~1961），美国实验物理学家、科学哲学家，操作主义的创始人。1946年由于发明超高压装置和在高压物理学领域的突出贡献获得第46届诺贝尔物理学奖。——编者注

的人作为对象时，更是必不可少的。现象学这个术语对我们和所有客观化的尝试都意味着主观体验及其对内在规律的认知。

唯科学主义的批评及其批评者

许多思想家已经认识到唯科学主义是人类精神的歧途。不幸的是，他们中有些人却认为，唯科学主义的世界观是自然研究的必然后果，而这被视为人性的灾难。洛德·斯诺（Lord C. P. Snow）[1]把自然科学与人文科学看成是两种文化，它们一旦分开，便不再能够兼容。维也纳物理学家赫伯特·皮奇曼（Herbert Pietschmann）在他的著作《自然科学时代的终结》中说它们是"两条道路"，一条是通往正确的认知之路，另一条是通往真实之路。他说，"正确"是可被证明的，极端情况就是数学，但恰恰在那里丧失了与现实的关联。与此相反，"真实"则是一种具体生活的状态，鉴于其一次性，始终不能被证明。皮奇曼更进一步认为，所有自然科学认识体系都局限于其获知时的全部整体，即主体差异性的

[1] 洛德·斯诺（1905~1980），英国化学家与小说家。斯诺在《两种文化》中正式提出人文文化与科学文化的对立问题。斯诺认为，作为西方整体文化中的自然科学和人文科学正在被分割成两种文化，科学文化与人文文化，在当代的教育中构成了一种封闭的态势；两种文化各自培养出单面化甚至片面化的知识分子，知识的片面造成了理解和信任的危机。知识分子内部的对立，是人类文化进一步向前发展的重大威胁。——编者注

存在，也就是说，它本质上是每个研究者个体认为合乎逻辑和不可证伪的。

欧文·查加夫（Erwin Chargaff）[1]在《不可理解的秘密》一书中说："前苏格拉底时代的思想家，或许是西方所熟知的、最深刻的思想家，然而，他们都对外部世界的不可度量性感触颇深，以至于对他们而言，每种测量都会是误测，每次称重都会失误。"欧文·查加夫曾犀利地指出，自然研究必然会因追求"越来越小的、可称量的细节"，而失去对总体的把握。

在批评自然研究时，查加夫明确地将对动物行为的观察排除在外："我在此不讨论丁伯根（Jan Tinbergen）或弗里希（Ragnar A.K. Frisch）[2]，因为对我来说，这都是遵从陈旧教条、诚实研究的例子。然而，或许只有一个不寻常的分子生物学家，才会把这种研究归为生物学。"这种对分子生物学家的指责是不公平的，如果他们对生物学不感兴趣，他们就不会是生物学家，我个人就认识很多既精通类似行为研究，又精通特殊专业的人。

---

① 欧文·查加夫（1905~2002），德国生物学家。——编者注
② 简·丁伯根（1903~1994），荷兰经济学家，主要从事统计应用于动态经济理论；拉格纳·弗里希（1895~1973），挪威经济学家，是数理经济学和经济计量学研究领域的先驱者，主要致力于长期经济政策和计划，特别是关于发展中国家的问题。1969年，二人共同获得首届诺贝尔经济学奖。——编者注

　　分析式自然研究的批评者也应受到谴责，他们显然自认为，只有可测定的才是真实的，或者说，至少所有不可测定的都是不能把握和原则上不可知的。他们似乎还认为，这样的事对我们人类来说只是开通了启示性的经验之路。在此，他们显然把我们未知的等同于超自然的，这又是一个错误。他们至少还没有意识到，每个因果关系的解释都是对现象本身的亵渎。

　　我们知道，人的左半脑和右半脑赋予人类以同等重要的认识能力，左半脑控制逻辑思维和语言能力，右半脑大部分支配情感体验，特别是体验的整体画面，我们称其为完形感知。

　　相信进化论正确性和真实性的人，就既不会认同唯科学主义者的认识论观点，也不会认可其批评者的认识论观点，我在此有意使用了皮奇曼的两种表达。他坚信，进行自然研究需要完形感知。他也知道，在这种感知的基础之上，科学工作实际上才刚刚开始，也就是说，按照皮奇曼的说法，去证明其正确性的任务就此起步。

　　被卡尔·波普尔称为"敏锐设备"的世界认知系统，是人类长期进化和对真实外部世界适应的结果。在这个过程中，它存储了巨大数量的信息，这使得人类在一定程度上能将外部现实具体地"临摹"下来。深信上述观点的人，不会陷入此处讨论的两种相反的误区中。查尔斯·达尔文就已明确指出：令人吃惊的并不是很多事物不被我们所认识，而是很多极其复杂的、与实际存在差距很大的表面现象不断被我们的世界认知系统认识。

对进化认识论者来讲，洛德·斯诺两种文化的鸿沟理论和赫伯特·皮奇曼的两条道路理论孰是孰非是个伪问题。因为，即便是唯科学的还原主义的批评者也高估了逻辑和数学的适用范围。如果人们不认为这种认知功能是唯一合法的，不认为我们的认知系统具有非理性能力以及完形感知可对信息赋义，那么，当我们丰富的认知能力获得的结果有冲突时，也就不必感到吃惊了。维尔纳·海森堡（Werner Heisenberg）[1]曾说，数学定律不是自然法则，而是一种非常确定的人类认识机制。

那些由不同的、相互独立的认识能力获得的结果看起来似乎并不协调，特别是逻辑思维和完形感知的不兼容，并因研究者学科背景不同而被夸大。查加夫和皮奇曼批评那些分析者显然常常缺少天赋，他们不能"看透"复杂整体中的内部联系。然而，伟大的观察家歌德就能做到，他鄙视分析型思维及由此得出的结论。擅长逻辑分析的人和那些对较

---

[1]　维尔纳·海森堡（1901~1976），德国物理学家，量子力学的主要创始人，"哥本哈根学派"的代表人物，1932年诺贝尔物理学奖获得者。——编者注

大系统的完形感知有兴趣的人显然执迷于不同研究分支中一定的规律性，这使理解更加困难。人类的认知系统是一个进化过程中形成的体系，持上述观点的人，不像欧文·查加夫那样，感觉它是自然科学规律的对立面，我们人类被"不可理解的秘密"所包围。对他来说，"不可理解"不是"超"自然的。事实上，完全自然的事件"几无穷尽"，而且是我们大脑完全无法理解的，正如同卡尔·楚克迈耶（Carl Zuckmayer）①通过其剧作《捕鼠者》巧妙揭示的那样。没错，人类通过认知系统观察感知外部世界，这样得出的初级的、原则上无法预知其简化程度的图像，似乎类似于因组特人对其赖以生存的海豹和鲸鱼的生物学知识一样。在他们的头脑里首先出现的是这些食肉动物的特性，即对他们来讲作为猎人重要的东西。不妨想象一下人类祖先当时演变成人时的生活状态，及其所经历的影响其世界认知系统进化的各种选择压力，相比之下，我们今天仍有很多事物无法认识，也就不足为奇了；令我们啧啧称奇的是，我们太古时代的世界认知系统所反映的事物，对我们的祖先来说，仅在几个世纪之前还绝对没有意义。我们惊叹于思维和直觉形式的普适性，其在我们的大脑中形成空间结构模式，即所谓的中央空

---

① 卡尔·楚克迈耶（1896~1977），德国剧作家，小说家。——编者注

间模型或完形感知的抽象能力。它的作用是构造我们的抽象思维，超验想象的原始边界、直觉形式和思维模块，去思考不可想象的东西。

掌握了进化认识论原本平庸的自然而然之后，我们就不会感到奇怪，人类世界认知系统有时会发展两种不同的接受机制去认识一个主观之外的现实。我们也不会陷入逻辑困境，当同一客观现象根据我们的认识手段不同而呈现出完全不同的表象：例如电子既是粒子，又是波。为突出这种冲突，我们可以极端地说，它可以在同一时间出现在两个点上。出于对逻辑的需求，我们大呼救命，然而，我们必须习惯这样的现象存在。基因编程的"接收系统"提供给人类关于主体之外真实世界的信息，它就像一扇窗，使我们可以向不同的方向张望或让我们看到同一事实的两种完全不同和看似没有逻辑联系的"侧面"。正如马克斯·哈特曼（Max Hartmann）[1]所言，生理和心理过程同样以这种非逻辑关系成为一个事物的两个方面，物质和能量也是如此，时间和空间也不例外。

我们知道，像一切其他组织结构一样，思维的所有器官随物种史的发展而产生，因此，我们远不能对思维结论

---

[1] 马克斯·哈特曼（1876~1962），德国心理学家。——编者注

赋予绝对的适用性。另一方面，当两种生理上不同的认识方式得到一致结果时，我们对其的信任随之增加：这是由于，我们一方面通过完形感知获得了抽象思维结论，另一方面通过合理逻辑思维得出了结论。其作用方式是如此相似，以至于该过程的发现者海尔曼·亥姆霍兹（Hermann Helmholtz）①本人把对这种通过完形感知能力获得的结论称为"无意识结论"。事实上，这个复杂的推算过程是个生理过程，它是无法通过自我观察得到的。在那些所谓的恒定现象当中，不得不提及颜色恒定性的例子，这个"计算机"测算两种源自物体的反射特征数据，即当时主照明光颜色和同时从物体上反射出的波段长度。这一结果直接作为"该物体的颜色"被体验、报告。人们知道，这种测算过程并非经由理性推导。卡尔·冯·弗里希（Karl von Frisch）②曾指出，蜜蜂的腿和人的腿拥有同样的机制。如果人们在试验中假造该计算过程的"前提"，可以想见，他们将得到相应错误的感知。如霍尔斯特所证实的那样，大多数所谓乐观的骗局都是在这种原则的基础上制造的。埃贡·布伦斯维克（Egon Brunswik）③称这种知觉能力为比率形态

① 海尔曼·亥姆霍兹（1821~1894），德国生理学家，物理学家及解剖学家。——编者注
② 卡尔·冯·弗里希（1886~1982），德国动物学家，行为生态学创始人。——编者注
③ 埃贡·布伦斯维克（1903~1955），美国心理学家。——编者注

（Ratiomorph），旨在对理性活动进行类比，并且对生理心理异质性进行表达。

把思维类比为理性过程是包括极端科学主义者也公认为科学合法的，加之完形感知的比率形态认识功能，是一个很有说服力的论据，它证明非理性属性的认知结果，也必须被作为科学合法的认识来源而被接受。理性的和比率形态过程进一步证明，人类的认识系统能构造出两个不同且独立起作用的器官，以完成一个相同的任务，这种情况并不鲜见。

忽视认知能力意味着放弃知识，同样这也极其违背研究者探寻真理的精神。行为学研究者放弃体验这种获得知识的方法，就像一个人研究时总是闭着一只眼睛，从而放弃自己的立体思维一样。这个比喻不恰当，因为单只眼睛观察世界信息的损失量很少。这又引出另外一个例子：一些本体论还原主义的批评者虽然瞪圆了双眼，但看到的依然是现实世界整体的两幅图像，即洛德·斯诺的两种文化和赫伯特·皮奇曼的两条道路，前者通往真与美，后者通向科学正确性。

体验的无可置疑性

很奇怪，人类的主观体验常被很多学者低估，旧书里的定义是："受成见、偏见和偶然评价影响"。即便是那些精通本体论还原主义或唯科学主义认识论的思想家们，在主观体验的研究中，在现象学中，也看不到科学认识的源泉。赫伯特·皮奇曼在《自然科学时代的终结》一书中指出，科学的追求演变成了"主体间"的世界认识图景，人类的认识追求越来越被研究者个体及其个人问题误导。皮奇曼说，当我们"试图进入个体时"，我们就介入了"个人环境"，进而进入到"客观的不太真实部分"，因其"仅涉及主观"而变得没有意义了。在另一处，他又说："自然科学旨在仅研究主体间的现象，有意从个人视角出发。"

　　这无疑是皮奇曼对唯科学主义思维方式的指责，并因此不使动物行为学家和进化认识论者受到伤害，恰巧后者对自然科学有不同理解。自然科学不仅能够，而且必须完全将世界万象作为自己研究的对象。如前面相关章节所述，只有把人的世界认知系统和客体同时纳入观察范畴，人们才能接近客观性，获取认知的过程和被认知对象融为一体。

　　完全撇开这些认识论的观点不谈，说主观体验只关心个体环境显然是不对的。幸亏在情感世界，尤其是价值感知领域有共性，即情感，它是每个正常人在特定外部情况下所触发的，正如我们对严重人权问题的愤怒。在此，先天的禀赋肯定起作用，也受文化决定的具有普遍性感觉的影响。威廉·富尔特温格勒（Wilhelm Furtwaengler）[1]就指出，第一次演奏一首乐曲时，其价值与卖座率高之间几乎无关联，当今普遍受欢迎的交响乐和歌剧首映时都不及格。富尔特温格勒认为，音乐艺术作品的真正价值会以其特有的方式持久地呈现出来；他发现，大多数观众对不同歌剧作品相对价值的把握与他自己的基本一致。

不仅知觉器官和为我们描绘世界图景的逻辑思维是建立在基因编程基础上的，复杂的、决定人们相互间行为关系的情感也建立在此基础之上。特别是，人类的社会行为是由古老的、具有种类特征的行动与反应模式遗产决定的。它们无疑比我们大脑皮层专有的智能区，亦即人类大脑物种史意义上最年轻的部分，还要古老数倍。这些理性能力在很大程度上辅助人类处理其与种外环境的关系，在这个领域，其他所有认知能力的影响可以忽视。本体论的还原主义和唯科学主义的知识局限在此并无大碍，不像人与人之间行为那样会产生有害影响。理智和理解似乎对控制人类情感具有决定性作用，对于这方面，我们显然了解得太少，而无法引导情感；这种不足，除了广告专家和煽动者，今天好像几乎无人利用。

---

[1] 威廉·富尔特温格勒（1886~1954），德国杰出的作曲家、指挥家与作家。——编者注

唯科学主义主导的自然科学几乎禁止谈及情感问题，因为它既不能用精确的自然科学语言定义，又不能量化。人们越想将人类认识定义表达得精确，就越清楚有多少重要现象不能直接用语言来表达。路德维希·维特根斯坦（Ludwig Wittengenstein）①的逻辑接近实证主义，他曾说，他"愿为思想设定一条界限，更或许不是为思想，而是为思想的表达"。库尔特·武赫特尔（Kurt Wuchterl）和阿道夫·许布讷（Adolf Hübner）的解释是对的："都在谈生命的意义、终极真理和善与美，还有上帝，但这只能是错误的，因为所有这一切虽然存在，但却说不出来。"

从某种程度上讲，体验的性质无法用语言来定义，就像我们接下来要谈的、简单的"红色"的性质一样。尽管生理和主观过程之间（据马克斯·哈特曼所言）有非逻辑关系，但两者的关联是如此紧密，以至于主观现象，诸如对互补色的感知，可以在对比现象中作为平行生理过程的可靠信号来使用，埃里希·冯·霍尔斯特对幻觉的研究工作为此提供了证据。有种观点认为，所有那些仅通过内观、自我观察所获得的认知都是"纯主观的"，也就是说，并没有拥有客观现实，这是符合实际的。我们通过主观体验在读取测量仪

---

① 路德维希·维特根斯坦（1889~1951），出生于奥地利，后入英国籍。哲学家、数理逻辑学家，语言哲学的奠基人，20世纪最有影响的哲学家之一。

器结果时也可获得认识结论，也就是说，通过体验感知一根在白底黑字的刻度盘上移动的红色指针来获得结果。所有我们关于外部世界积累的经验基础是我们初始化的知识；沃尔夫冈·梅茨格尔（Wolfgang Metzger）称其为"提前发现的"，唐纳德·坎贝尔（Donald Campbell）称之为"近端知识"；和"远端的"相反，我们只能通过对初始体验的组合与演绎来推断它。

我们的情感，尤其是我们的价值感一贯隶属于真实过程的那一大类，它们"虽然存在，但不可言说"。情感在主观特征方面几乎不能用语言定义，但却可以通过实验研究进行测定，即借助研究外界诱发情感的刺激情景。不容置疑，人类拥有大量定性的、不可混淆的情感，它们根植于人类的基因遗产当中。

艺术作为现象学的知识源泉

如前所述，体验的性质无法定义，只能听凭"艺术家可以"这样无法捕捉的表述。作曲家甚至不通过语言文字，而使其作品深入人心。即便使用文字，"艺术家可以"的不确定表述也无可厚非，因为，我们深知诗人是如何使我们受益的。

只从文学的基本常识出发就知道，诗歌艺术是以人的总体为对象的，特别是人的情感。如果我们阅读《吉尔伽美什史诗》（The Epic of Gilgamesh）①、《奥德赛》②、莎士比亚戏剧或一本小说，总是会分享其中英雄的体验，我们和他们完全一样，体验着爱与恨、友情、嫉妒、羡慕、欢乐和痛苦、恐惧和愤怒。

诗人只能用比喻的手法描绘体验。为了形象化并唤起同感，他就描述人的一种境况，在这种境况下，人的相关感觉就会规律性地发生。这种可完全客观定义的刺激场景就等同于其激发出的情感，艺术家在其展现中就依赖这些为数有限的境况。对其他的东西，受众绝无"感官"。我们有理由假设，人的情感是建立在人类总的、天生行为，特别是先天的触发机制基础上的。

由此，我们无须惊讶，为什么在文学中，从《吉尔伽美什史诗》到现代小说，总是使用同样的动机：英雄救美、为朋友两肋插刀；社会题材如倚强凌弱、恃富欺贫、无助弃儿等总会出现。不仅诗人、作家因为相信而采取这些动机，那

---

① 目前已知世界最古老的英雄史诗。早在四千多年前就已在苏美尔人（Sumerian）中流传，经过千百年的加工提炼，终于在古巴比伦王国时期（公元前19世纪~公元前16世纪）用文字形式流传下来。这是一部关于统治着古代美索不达米亚（Mesopotamia）地区苏美尔（Sumer）王朝的都市国家乌鲁克（Uruk）英雄吉尔伽美什的赞歌。——编者注
② 古希腊的两部著名史诗之一，为盲诗人荷马（Homer，公元前800~公元前600年）所编辑整理。——编者注

些小说、戏剧及电影的发行、制作商也懂得如何根据上述先天触发机制去满足其受众。他们甚至可以在某种程度上做得更好，因为，他们可以通过广告技术手段调研，更精准地把握人们的平均反应状况。

与廷贝亨对待刺鱼一样，他们毫无同情心地对待和使用作为客体的样本。创造性的人表达出了他自己的感受而并未考虑观众，商业运营者则从观众的反应中获取了他需要的信息。诗人自己体验了特殊的人类情感，而艺术商使其被大众体验。席勒作品《人质》中的莫鲁斯和西方电影中某个英雄在捍卫友情时表现出同样的自我牺牲精神。

根据商业准则构造的作品，在某些方面，甚至可以作为研究我们自身情感特别好的依据，它们能显示出触发客体可以简化和粗化到什么程度而不影响其触发效果。我认识很多严肃、苛刻的人，他们对什么是"媚俗"，以及什么是"艺术"有着极好的感觉，但却无法摆脱最原始媚俗的影响。

躯体—灵魂—问题的三种假说

我们身体中的某些过程与它们使我们得以在其中体验的形式存在着密切关系，这点无人质疑。我们直接从颜色识别红玫瑰，并能以此重复识别。我们知道很多可以使红色规律性出现的条件，不仅限于其特定波长射入眼帘，也包括对比现象，即当大部分视网膜被互补色"绿色"映照时，视网膜的其他部分也会体验到"红色"，即便并无红色直接射入眼帘。毫无疑问，我们可以把这种性质的体验作为某种特定生理过程的指标，生理学家也总是这么做的。上述同时对比现象是过程的附带现象，即把照明色和物体的即时反射波长叠加成反射特征，这是一个典型的"无意识结果"，它的过程和我们要理解的结果毫无关系。生理和主观过程之间的"同构"可以一直相伴随行，并且非常可靠。

为解释这种同构现象，认识论上存在三个同等合理的假设。然而，从进化认识论角度只有一种可能性。第一种假设是交互作用假设，人们可以认为并假设生理发生是其相应体验的原因，它反过来又对生理现象有反作用。这个初看起来很能说明问题，并笼统地给出因果关系的假设，实际上却是错误的。该假设陷入了所谓的切换命题的怪圈：即逻辑上不允许在两个平行且相互独立过程链间跳来跳去。例如，当一个人被别人打了一记响亮的耳光时，他的体验可大致如下：他感受到惊吓和疼痛，同时深感沮丧，他的自信坠入低谷。然而，他的沮丧在数秒内被愤怒取代，他的自信要求他立刻做出反应并在对耳光有力回击的享受中得以真正重建。

同样的过程会被生理学家在忽略体验路径的情况下做出如下描述：他的头和颈椎产生了强烈的震动，同时，一些感觉神经末梢受到了强烈的刺激，并使得交感神经系统紧张度下降，进而影响到中枢神经系统，导致随意肌的短暂麻痹。人在此时不仅表现得像麻痹了一样，而且，事实上也是部分麻痹了。他低垂着头，脸色苍白，因为交感神经系统受挫使血液降到腹腔。紧接着，由于生理的对比效应，交感神经麻痹跳入其反面，进入极度亢奋状态；血液升到头部，刚才凹陷的眼眶又重新充盈，不等肌肉复原，就爆发张力；最终，斗争的本能运动，如打斗、撕咬被触发。自己满足本能而适当地出击导致亢奋的消失。

无论从生理上，还是从心理上看，那意外的一击都是整个事件链的起因。但是，不能说，一个人因为交感神经兴奋与迷走神经兴奋失衡并偏向后者而感到抑郁，并因此而垂头丧气。垂头丧气已被普遍理解为悲伤的标志，因为，它是一种特定神经内部状况的表征，而这种神经状况通常规律性地伴随着主体的压抑现象。人们不能用同一事物的不同侧面彼此解释，因为，它们在一定意义上是同一体，只是从不同侧面去体验而已。

第二个假说理论是心理—生理并行主义。它认为，像这样并行发生的两个事件链本质上不具有相互间的任何逻辑关系。即便是对生理过程，特别是神经和脑生理过程最深入的研究也无法帮助我们理解躯体与灵魂的问题。从体验本身来看，假如我们能像生理学家那样仔细观察可供研究的所有过程，直至完全乌托邦式的预见性，我们也至多可以说，心理—生理并行主义在事实上是高度并行的，正如古斯塔夫·克雷默讽刺性地指出的那样。

毋庸置疑，所有体验过程都伴随着一个神经生理过程，但这句话反过来是绝不成立的。有些高度复杂的神经生理过程，其本身就是复杂的计算过程，完全是在无意识中完成的。

另一方面，自我观察告诉我们，人类经常拥有性质迥异的主观体验，而就我们目前所知，这种体验与客观和可测的生理过程并无关联。潜意识这种非常轻微的感觉具有生理对应物，也是无法证明的。然而，我们知道所有这些"纯心灵"过程和那些具有明确、可证生理关联过程的转换。以心理—生理并行主义术语表述的比喻包含了双重含义：既存在没有明显身体关联物的神经生理过程，也存在其生理对应物无法求证的主观过程。我们认为这种关联确实存在是有理由的，非常可能的是，其生理过程太微弱且能量小而绝无求证可能。

第三种关于身体—灵魂问题的观点，也是进化认识论者唯一具有代表性的观点。它假设身体和心灵、生理过程和情感过程就各自本身而言是同样的真实，就像物质和能量、微粒辐射和波一样，它们通过两种相互独立、不可连通的认识方式被我们所知晓。

值得注意的是，客观生理过程和主观体验之间的隔离墙仅存在于理智中，而我们感觉不到。据我所知，卡尔·布勒第一个明确发现，对每个正常人来说，一定存在和他同类的、同样感觉的人，这就像数学公理一样。康德、叔本华等理想主义哲学家也从未怀疑过同类型人的存在，然而，他们并不把真实的外形作为有意义的证据，而只把感觉知识作为证据。

我在此强调，如果我说，我的朋友汉斯坐在那里，我完全确定我所指的不仅是可求证的生理上的身体，还包括他的主观体验，如果对此质疑，就会陷入体验（Du-Evidenz）否定。我指的"完全确定"是两者的统一体。我重申，这不仅对我，对所有人都一样，在本节讨论的三个关于身体与灵魂的观点中，只有身体与灵魂的同一性才是唯一没有矛盾的答案。

第五章　价值感知现象学

有目的的评价标准

　　威廉·麦独孤（William McDougall）[1]大胆做出科学假设，像人类具有很多各种本质不同的情感一样，人类也拥有很多本能，这在下面的意义上是正确的，因为，我们大量可定性的情感以神经和感官系统为支撑，其结构由系统进化而成并以基因形式固定下来。根据哲学家保尔·魏斯（Paul Weiss）格言般的定义，系统就是一个足够完整的、值得命名的整体（A system is anything unitary enough to

---

[1]　威廉·麦独孤（1871~1938），美国心理学家，策动心理学的创建人，社会心理学先驱。他出生于英国的兰开夏郡的查德顿，因癌症病逝于美国北卡罗来纳州达勒姆。——编者注

deserve a name.），它表达了对细微情感高度但合理的信任，是关于心理相关体自然产生的语言。那些定性的、不能混淆的情感种类是有限的，如恨、爱、妒忌、羡慕、友情、悲伤、母爱、热情、愤怒、愉悦等。

这些经历过的情感同样是人性的，像投入体验或经验的先验形式。对应各种感觉的、各种与生俱来的情感触发机制实际上是先天的经验形式，它们符合系统发育意义上的确定的人类行为准则，也许在不同文化环境里会和传统有不同程度的重叠；但可以断言，它们很可能属于一个对物种繁衍有意义的人类社会生活系统，即皮腾德林（Colin S. Pittendrigh）[1]意义上的目的性。

过度与不足

上述假设认为，情感驱动的行为是有目的性的，这似乎与事实相矛盾，因为对它们中有些情感的评价是正面的，有些则是负面的。热情和对朋友的忠诚值得称道，仇恨和嫉妒应该受到谴责，母爱被视为高尚，贪婪是被蔑视的（最后提到的两种行为应归于人类本能性的"行为谱"）。这看似矛

---

[1] 皮腾德林（1918~1996），美国生物学家，被公认为昼夜节律生物学（circadian biology）的创始人。他发现健康人体的活动大多呈现24小时昼夜的生理节律，这与地球有规律自转所形成的24小时周期是相适应的。他的发现印证了人们对入睡与醒来之间关系的基本认识。——编者注

盾，但我认为可以这样解释，即我们人类具有敏锐的意识，可以去判定，在我们所生活的小社会里某些行为是否短缺，或是超量"供应"。无论过度还是不足，均可导致整个系统平衡被打破。

借用医学史上的一个例子：医生对生物体内平衡系统的理解主要源于对内分泌腺体及其内分泌失调所进行的科学研究。瑞士外科医生柯赫尔（Theodor Kocher）首次对格雷夫斯病进行研究，这是一种因甲状腺分泌过剩引起的疾病，摘除腺体，手到病除。否则，病人会死于由缺碘引起的似黏液性水肿。由此，柯赫尔得出正确的结论，即格雷夫斯病和黏液性水肿均由荷尔蒙分泌的数量引起，也就是甲状腺素形成的功能低下或亢进。这是认识的第一步，即在健康人的内分泌腺作用中存在一种复杂的、良好的对抗性平衡。这种对抗的复杂性今天仍无法看透，但任意调控荷尔蒙系统是不负责任的。

英年早逝的精神科医生罗纳德·哈格雷夫（Ronald Hargrave）在给我的最后一封信中写道，每当他遇到不知名的（代谢）紊乱现象，他必须同时提出两个问题：什么是这个被干扰系统的原始的、有目的的作用？这一紊乱或许是由某个功能的衰退或亢奋引起的？在很多情形下，哈格雷夫的"双重提问"都是有意义的。很显然，在人类的感知和神经系统以及大量的诱因中，存在着一种类似于内分泌腺体的、维持良好的平衡关系。

任何一个理性的人都不会怀疑，我们西方文明自成体系且保持着某种平衡。具有科学思维能力的人不会质疑，只有在搞清正常功能之间的相互作用机制和失衡的类型时，我们才能一起重塑平衡。要洞悉人类社会行为体系，无疑要以医学展望为前提。如在内分泌功能中所诠释的那样，病理上的紊乱经常有助于理解因果关系。

我猜想，如果我们人类懂得，哪些行为方式在我们的文化中稀缺或过剩而导致失衡，那么在这个"答案"中一定包含着一种出色的、目的性的响应模式，无论它是与传统相关的文化上的行为准则，还是基因编程的行为准则。完全存在这种可能，即我们人类是在物种史发展进程中逐渐形成了行为方式稀缺或过剩的意义的。这一假设也同样适用于接下来要谈到的对美与丑、善与恶的感知。

审美与驯化

在人类审美和第一部分提及的驯化现象之间存在着一种奇妙的关系，这种驯化现象几乎存在于所有的家畜甚至最文明的人类当中。所有家畜中的绝大多数，从鸟类到哺乳动物，与其野生种类相比较，它们的管状长骨和颅底缩短，结缔组织松动，横纹肌的紧张程度减少；这样，更加有利于储存脂肪。像我在课堂上一贯所坚持做的那样，把不同的家畜和其未经驯化的祖先图片相对比，几乎人人都发现野生形态"高贵"优雅，而家畜则非常丑陋，正所谓朱利安·赫胥黎所说的家畜的"庸俗化"。

可以相当肯定地推测，人类对家畜的这种丑化现象负有责任，因为他们通过选择对动物施加了影响。如果仅把家畜作为人类的食物，可以理解，它们的好动、躯体强健等有关行为方式都不再重要，反而脂肪的增加变得更值得期待。选择压力的其他类型也是存在的，如有些品种的马和信鸽，其家畜类型与野生类型同样"高贵"，是的，它们能够战胜在驯化过程中受到的威胁而保持其特征。

可以想象，对野生形态特征的价值肯定是以人类的天生触发机制为基础的。也就是说，这种野生形态特征可以被人类无节制地夸大展示。不同文化时期的艺术家，如巴比伦时期、亚述时期①，以及希腊画家、雕塑家，热衷于强调那些在驯化过程中受到威胁的人类体征，诸如男性的身体：宽肩、窄臀、修长的四肢和强健的肌肉。也许我们可以从具体特征过度发展的可能性中得出结论，即存在一种先天的触发

---

① 亚述时期，公元前3000年末期，在两河流域的北部，亚述人的部落兴起。到了公元前8世纪后期，亚述国已经成为两河流域最强大的国家。——编者注

机制。这在受商业或意识形态影响的表现中比在出于自身意愿而创作的作品中表现得更加明显，它们所炫耀的比例特征可能就是驯化过程受损害的野生形态特征。再想想女性身体的比例特征是怎样被夸张的——修长的腿和纤细的腰等，在此，我就不赘述了。制造特征夸张且具有超常效果的异物的可能性在尼古拉斯·廷贝亨和杰拉德·贝仁德（Gerardus Baerends）的动物试验中得到证实。贝仁德曾在他的课堂上播放了一部影片，其中一条牡蛎鱼就试图孵化一颗宝蓝色与黑色斑点相间的超大形卵，而把自己下的蛋晾在一边，一个碰巧在场的美国记者惊叹道："为什么，这不是封面女郎吗？"非常准确地道出了上述代表看法。

驯化现象在行为方面的评估

就像我们把身体驯化特征归结为负面的非反射性的价值感知一样，在诸多家畜种类中，甚至文明的人类身上，我们经常会感觉到一定的行为变化，感觉它们变得不美和"庸俗"。绝大多数家畜进食的选择少于其野生祖先，而且食量较大。很多驯化动物种类，如鸟类和哺乳动物的性行为也有类似的情况。"像动物一样"这一词所表达出的负面价值，说明人类对家畜最了解。

维尔纳·施密特（Werner Schmidt）和我本人在灰雁及

其种类邻近的家雁之间均曾做过比较研究，该研究为我们提供了特别有说服力的、性行为庸俗化的例子。纯种雌性灰雁的性行为严重受阻，需要通过与雄性之间长时间的相识，而且还要经过高度复杂的仪式方可进行交配。雄雁示爱、雌雁迟缓的应允在很多方面类似于人类求偶，不了解这种相似性的人会觉着灰雁这样的表现有些可笑。这种"冗长的示爱过程"在家雁以及家雁与野雁的杂交种中已经逐渐消失；雌性家雁对陌生雄雁直白的性要求，会让人类观察者觉得庸俗，人与人之间的情形也大致如此。我们觉得驯化导致典型行为的改变不是恶的，而是俗的。它们不会像谋杀或其他暴力犯罪一样引起我们的恐惧，而是另外一种性质的感觉，即轻蔑厌恶的感觉。

假设人们几乎毫不怀疑错综复杂的交配仪式有其目的性，那么这就存在一种可能性，即我们人类拥有已编程的作用模式，它使社会行为得到保护，使经受住考验的仪式得以维护。此类仪式在一定程度上就是构成社会群体结构的骨架，无论这些形式确定的结构根植于基因组，还是仅存于传统中，这对我们的观察来讲是一回事。对灰雁来讲，迄今为止的观察记录说明，个体灰雁的繁殖成绩与其配对保持的持久性成正比，这种繁殖成果以春季出生后离开父母的成年雁数量来衡量。除此之外，脊椎动物这种求偶炫耀和雌雄体在哺育幼畜时的炫耀，本质上对孵化，尤其是保护繁衍后代方面起着重要的作用。雄性灰雁向其强大的对手展示好斗和警觉，其常被提及的代表胜利的咆哮对外是一种时刻准备攻击的仪式性宣示，而对其家族则是一种巨大的温存和安抚。硬骨鱼类也因长期的固定姻缘有类似情形出现。先不谈后来哺育时的行为，所有这些求偶炫耀方式的意义在于，雌性有机会在其众多追求者中有预见性地选择潜在的最好的一家之长。雄性还通过没有必要的起飞、夸张的提速和急停来炫耀自己的体力。类似的做法也被骏马和年轻的男性所采用，后者甚至还会借助于机动车辆。

这种行为的目的性效果取决于以下前提条件：雌性动物对其追求者的素质具有精准的判断，除此之外，这样组成的配对至少对雌性来讲是一夫一妻制的。假如雌性日后与其他雄性随意交配受孕，这种按照家族行为规范仔细挑选"丈夫"的方式就丧失了其目的性意义。这种一夫一妻制配对设计也意味着，只有雌性绝对遵循一夫一妻制，雄性有可能摆脱这种配对方式的约束，而雌性则更多地被固定于此。

可以想见，如果我们简化或解除某些社会行为规范，特别是关于配对方面的，就会产生负面的价值感受，因为，它们是选择的结果，目的是维持固定的行为规范。但我们对身体驯化形态"不高贵"的负面评价到底意味着什么却完全不清楚。

价值感知的正确与否

严重违反社会行为准则时，我们就会用完全不同的情感体验来说。杀人凶手、无情的恐怖分子引发人的恐惧和愤怒；我们感觉他们非人，但绝不会认为他们卑鄙或平常，平常一词本身就含有庸俗的意思。

美国法学哲学家皮特·H·桑德（Peter H. Sand）和艾尔伯特·艾伦茨威格（Albert Ehrenzweig）在康奈尔大学集体合作的比较调研项目"法律体系的共同核心"（Common Core of Legal System）的基础上，提出了鲜明的观点——普通人的法律意识是与生俱来的。他们列举了如下现象：在一些国家，某种犯罪被特别严厉的法律条款所惩戒，陪审员却按惯例倾向于尽可能从轻处罚；反之，在另外一些国家，法律条款对同样的犯罪只有轻微的处罚，而人们却赞成尽可能严判。

很奇怪，康德的划分问题①难以判定，人类行为到底是由基因程序决定的，还是源自道德自问。这个问题的含义无非

---

① 康德划分问题，站在人类中心主义的立场上，康德进行了许多的"划分"，包括把对象划分为"现象"与"本体"、把人类认识划分为"分析判断"与"综合判断"、把世界划分为"感性"与"知性"、把人类理性划分为"思辨性"与"实践性"等等。其中，把人类认识划分为"分析判断"与"综合判断"及其引发的问题，就是所谓的"康德划分问题"。

是：我能否将我的行为准则提升到自然法则，这样会违背理智吗？对"非理性"的否定价值判断是一个前提条件，在此基础上，对这个（行为）划分问题的回答就会得出戒律、命令或禁令。这种划分问题与其接下来的肯定回答经常被视为证据，在此问题中涉及的人类行为应该是符合人类道德的，也就是说，是具有理性责任的。这几乎是一个错误，当一个小孩落水，有人随即跳水施救，此人事后把这种行为归于康德式的行为划分问题，并描述如下：当成年人看到一个小孩处境危及生命，而且他可以在自身没有危险的情况下实施营救，那么，他就会这么做。把这个准则上升为规律，并不包含理智的悖论，因为，该行为方式建立在基因程序的基础之上，而基因程序本身已经能作为自然规律发挥作用。因此，健康的、由基因决定的行为准则不需要借助行为划分问题的帮助而与道德行为区别，它以非常简捷的方式就发生了。

所有在本章讨论的人类行为规范都有必要用康德划分问题进行检验，当今文化的急速变化带来的其基础的变化而引发的错误结果，只能通过人类审慎的责任感才能得以遏制。

对占有的价值感知

如前所述，价值感知从来不是绝对的，它总是一种体验质量的相对强度。这种好与坏的相对意义，我们已经有所阐释。名词化的"好"字就变成"财产"这一专指土地占有的概念，词组"拥有和财产"和特征词"富裕的"一样对我们耳熟能详。"占有"一词包含着在某一特定土地上长期生活的愿望。占领领地无疑是很多动物基因决定的特征，这一点对人类而言，至少在最简单的社会形式中不适用。在至今仍保留下来的、狩猎采集时代的文化中，个人的物质财产的作用明显非常有限，而且也仅限于一些耐用品和武器。这些文化捍卫着自己那些一块块依据或多或少的规则体系建立起来的领地，并在一定程度上抵御近邻的侵略；然而，我们基本可以认为，真正意义上的领土防御其实就是保护耕地，及其等级化的社会秩序，即把人分为主人和仆人的秩序。

很可能在狩猎文化早期，就有了狩猎动物以不成文习惯法的形式被捕获者占有。有趣的是，这种情况也发生在黑猩猩的族群里。当一级别低的黑猩猩杀死幼年狒狒或小鹿羚羊时，级别高的动物们也会客气地索讨，并慷慨地将猎物一块块分给部落里的所有成员，然而，这并不是因为它这样做想表现它的"公平"，而更多的是因为它这样做高兴。

私人占有的古老形式一定是游牧民族的牧场牲畜，德语的"金钱"一词就是由拉丁语的小动物一词逐步演化而来的，大多数情况下特指羊。现象学研究最好通过自我观察进行，即描述自己的感受以期别人的理解。我可以接受一些尝试性的行为，我对"占有"的快乐感受，几乎都只与对活生生的动物观察有关。在我没做任何事情的情况下，当水族馆里完全偶然地生长和繁育了一大群鱼，就会让我感到深深的满足，即便它们是我完全不感兴趣的鲈鱼。尽管看到持续扩大的灰雁群令我兴奋，然而为了研究的需要，数量太大，研究难度增加，使人很难一目了然，尽可能放飞其中的绝大部分被视为明智之举。这种亲力亲为的观察强化了我的意识，即这种对动物种群生长的正面感受更多地超越了受基因遗传影响的占有快感。

另一种占有的快乐似乎指向那些人类能够积累和储藏的物质，能持久保存的食物极大地触发了这种快乐。收集同类物品的渴望极有可能是基因决定的，这种欲望的危险性在于，其随着已收集藏品的增多而增强。众所周知，对某类艺术品极具热情的收藏家会被这种冲动驱使铤而走险，不惜犯罪。这种收藏的欲望可以像神经官能症一样渐渐地"吞噬"收藏者的整个人格，这并非只有心理医生知道。

威胁整个人类生存的、最危险的恶性循环之一正如下面所说，为了追求尽可能高的地位，也就是追逐权力，使自己受欲望驱使变得像有神经官能症一样，其结果是以获得权力为奖赏。如前所述，已收藏物的数量会提高收藏的欲望。这种最糟糕的相互增强就发生在权力和统治欲之间。

第六章　无目的预设的价值感知问题

美自身存在吗？

从前面所有论及的人类价值感知中，可做出以下猜测，即它们促进对个体有益的能力，这种能力发展又通过选择走上一条典型的演化之路。然而，有一些美的演变，我们必须予以质疑，因为通过选择来解释它显得非常牵强附会。对此，我们应回顾一下本书第三章中关于创新型进化、游戏规则和创造性的人类之论述。毫无疑问，人类能够创造从未有过的和谐，并同时感知和谐。正如卡尔·布勒所强调的那样，认知是人的一种行动。在人类艺术中无疑存在美，在无定义的情况下，它们的存在是无目的性的。

很难解释的是，为什么即便在低等动植物生命体内，依然存在如此多符合人类审美标准的美的东西，而它们似乎并无维持物种生存的价值。许多蝴蝶身上有着色彩绚丽的图案和数不清的细节，这些肯定不会被其同类关注，也不具有威慑其天敌的作用。母山鸡及其他具有保护色的鸟类羽毛上的图案，尤其从近处观察，色彩非常绚丽，而且有规律可循，这像是选择压力催生出来的，使其尽可能接近杂乱无章的背景色。选择压力是怎么让它们如此美丽和有规律可循的呢？选择压力催生出多彩的颜色和多姿的形态，而其规律性更令人称奇，就好似生物体在非凡的艺术作品中"鲜活"了。

美和目的性，两者并不矛盾，然而恰巧因为在有机界中，从人类的视角看，的确存在真正的美，而这种美似乎并不具有目的性，注意到它们的存在非常重要。如果我们像阿道夫·波特曼（Adolf Portmann）[①]那样把鳃蠕虫后背童话般的色彩解释为生物体的"自我展示"，就掩盖了如下事实，即这个被色囊装备起来的生物从其绚丽色彩中获益——每当攻击它的捕食者试图将其吞入时，必将被其色彩迷惑。

这种与目的性无关的美的问题，通过另外一种现象，即每日的鸟鸣，使我清醒。埃尔温·特雷策尔（Erwin Tretzel）于1965年发文报告了一种能力，令人深思。特雷策

---

① 阿道夫·波特曼（1897~1982），瑞士动物学家和生物学家，其研究成果跨域人类与动物的社会学和哲学思考。——译者注

尔描述说，一只凤头百灵模仿牧羊人给牧羊犬发口令哨。牧羊人的哨声变化很多，因其滑音和跑调而在音像图上呈现出互相交织、完全混乱的图像。而百灵则将这哨声移调成易于发出、较为高亢的音调，将牧羊人哨声的强度变化及很不和谐的节律"抽象"出来，变成最符合我们乐感的形式。人们不禁要说，百灵"知道"这种动机的理想结构，并能吹出牧羊人想到的、却很少能吹出的哨声。百灵鸟可以表现牧羊人的一切哨声，且音色更纯正和富有乐感，音调细腻、节奏优雅，它把同样的哨声变成了贵族音乐。

有超过四分之一世纪的时间我都跟白腰鹊鸲同居一室。这是一种鸟，按照我老师奥斯卡·海因洛特的说法以及我自身对鸣禽的了解，它们都是最伟大的"艺术家"。白腰鹊鸲总是被误以为是白腰鹊鸲嗓子，约翰内斯·柯诺根（Johannes Kneutgen）通过比较这种鸟类和人类歌手的歌声，吃惊地发现，当这类鸟游戏时，它们可以演唱最复杂和最美妙的和声。所有燕雀的声音与游戏有一定关系，而且模仿能力越强的种类，关系越密切。静静安坐着的鸟类，梳理羽毛，睡眼惺忪，但却总能"演奏"新的琵琶组合。即便是叫声优美的鸟类，其个体都是需要学习发声的。M·柯妮施（M. Konishi）证明，很多善歌型鸟类如果在其幼年阶段失聪而无法听见声音，就不能发出清晰的声调。

就像人类艺术创造会因功利性而丧失其可贵价值一样，如果其歌声要服务于某种目的，白腰鹊鸲的歌声也会完全失去美感。鸟在领土防御或求偶炫耀的高度兴奋状态时，它的歌声是以目的性行为为基础构造并服务于它的，它只能重复着发出高声，但绝不美妙的单调音节。这种不同动机的新组合学习型游戏会被爱鸟人以卓越的洞察力称之为"诗人"。约阿希姆·林格尔纳茨（Joachim Ringelnatz）还唱夜莺的歌，歌词如下："只有一件事使我陷于窘境，她唱出同样的抽泣，而这已被过去的诗人所陶醉，当然，每个人都有权唱她，不论好与坏。"我承认，我处在同样的窘境中。

和谐感

完全可以肯定，对和谐的感知是我们感觉器官和大脑组织结构的一种功能，我们视其为完形感知。这是一种非理性的、被埃贡·布伦斯维克称为类似于理性的能力，是人类最重要的认识手段之一。尽管它们运用自我观察机制不太合适，但通过卡尔·布勒和埃贡·布伦斯维克对此过程的大量研究，我们已知之甚多，不会怀疑其自然起因。正因为自我观察不合适，这种完形感知对许多思想家来说更像是外来的一种灵感。它对歌德来说是启示，对许多其他人来说是

"直觉"。并且，这种完形感知的产生过程在很多方面等同于一部计算设备的作用。如果在生理学或心理学存在这样一个领域，其中内容超过计算设备时，那么它就会是完形感知。

它的任务是发现存在于感觉数据之间，或更高一级感知单元之间的关系，这种能力本身就是一种小的创意过程。将两个现存的、独立起作用的系统整合起来，进入高一级的系统，创造出一个新单元，并带来新的、整合前没有的系统特性。在我的《镜子的背面》一书中，我把这种有重要进化阶段特征的过程概括成"电灼现象"。

感知是一种行动，是两个过去没有被意识到关联关系的单元之间的互视。从人类知识的角度看，它是人们一种非常精确的模拟过程，发生在主体之外的创造。用"电灼"来表达认识进步过程甚至比形容进化步骤更贴切，当我们成功将两个已经存在的、相互独立的思路联系起来，突然进入了新的思想体系，令人吃惊地获得了以前从未有过的认识能力时，我们会用"思想火花"来表述，或说："灵光一闪"。

一方面，完形感知处在人类认识的最前端，它是人类思想挑战未知领域的矛尖。同时，它又是已知知识的守护者，一个储存器，耐心地收集事实材料，其内容之丰富也许远超出我们记忆的存储空间。

人类对和谐的感知也建立在这种能力基础之上，它们的复杂性如此之高，以至于其规模可能使我们无法概览。毫不奇怪，完形感知的结果对人们来说就像一种启示，事实上，人类从未超越过它。

然而，完形感知也绝非奇迹。它完全世俗的机械本质表现在它对信息资料的需求上。当资料不足或在试验中有意误导时，它就会谬之千里。原则上，搜集信息是一个学习的过程；这个过程的不可或缺，仅从人们对音乐作品中复杂和谐的理解过程上即可获知。

众所周知，我们欧洲古典音乐是遵守《平均律钢琴曲集》[①]基本律制的，其允许对振动频率之间严格的数学关系的要求有一定的偏离。像许多复杂结构一样，学习者需要感知音乐规律。必须存在有含义的信息，它包含要被认知的规律，要不断呈现、重复，直至我们的感觉器官能够掌握未知的规律。我们所有人都自孩童时代起学习过这类和谐，因此，这些对我们来说就是自然而然和明确的。同样，在北非演奏的东方音乐只是整体旋律，就其振动频率之间的数学关系而言，它在规律性方面的要求比欧洲音乐还要高。反过

---

① 《平均律钢琴曲集》，一组由约翰·塞巴斯蒂安·巴赫为键盘独奏乐器而创作的音乐。平均律是欧洲音乐的基本律制。——编者注

来，我们是欧洲人，当我们在土耳其或北非聆听音乐时，最初完全不在状态，听不出其和谐的规律性。这种音乐对我们来说是无序和缺少旋律的。当然，每一个欧洲人都可以通过反复聆听而获得系统感知东方音乐的能力。通过足够信息数据的"写入"，音乐的构造渐渐由从前的混乱和意外变得可以认识和理解。

同样，东方人对我们欧洲音乐的感觉也并无二致，我幼年时听到的小故事即对此有所印证。那时暹罗①的国王拜访奥地利国王弗兰茨·约瑟夫，并被特邀观赏宫廷剧院瓦格纳的歌剧。在当这位帝王被问及最喜欢歌剧的哪一部分时，他回答说是最开始的部分。这表明，他指的还不是序幕，而是在这之前乐器的调校音阶段。

和谐有很多种类型，我们的完形感知有能力去感受作为和谐的、最复杂"和弦"的交互影响，像指挥家对其交响乐中诸多声音中极小的不和谐音符很敏感一样，我们的感知也会对小的干扰做出类似反应。一个与自然有联系的人，通过自身观察谙熟大量不同的、良性的环境景色，这可以无差错地构建一个非反射的，但却重要的价值判断：他认为，每个处在生态平衡中的景色都秀丽，而且它们能活得很长。所谓

---

① 暹罗，泰国的旧称。——译者注

只有那些未被人类开发的处女地才可能是美丽的说法，是一些浪漫自然保护者的误区。正确的是，人类在大多数情况下对生态和谐的破坏承担罪责。有人居住的环境同样可以是美丽的，只要那里可以维持一定程度上的生态生物群体。还有一些环境，几乎完全由人类活动所致，却依然可以很美，如建有葡萄酒庄园的莱茵河流域或多瑙河畔图尔恩波浪滚滚的庄稼地。相反，如果某种农作物被大面积单一种植，覆盖了整个地域，我们会感觉不是很美。

和谐的相对"高度"

美虽不能量化，但我们确实能感受到和谐价值有高低之分。真菌组织自身就向我们展示了一个绝妙的和谐整体。然而，当我们看到玫瑰灌木受到真菌侵染时，我们就应该毫不迟疑地为较高级的玫瑰实施救治。一只小小的纤毛虫就以其大小核、银线系统和有节奏眨眼的"睫毛"令人惊叹，但当我们看到鱼类遭寄生的纤毛虫侵蚀的时候，就会感觉寄主体内的和谐受到干扰，如果我们要对其施药救助，就不会对寄生者（寄生虫）产生同情和怜悯。

对病理现象的感知

完形感知最重要的功能之一，是使我们具备区分健康和病患的分辨力。对某种生命现象有足够研究，并在一定程度上对完形感知有悟性的观察者会很容易辨别出，什么时候该有机体出现了问题。现代医学，尤其是现代医学教育全然低估了人类的完形感知能力，让人们错误地相信，"临床观点"完全可以被巨大数量的量化指标及其电子评估体系取代，如此不可或缺的手段今天却变成了一种辅助手段。在这里，我根本没有谈到医患之间的个人关系，我认为这不重要。我特指一种现象，即在大医院中面对大量病人，医生根本不能对个体病患有足够充分的认识。传统模式的家庭医生却了解其每位病人，并熟知病人的个体特征，这样就使得即便非常小的毛病也很容易被确诊。

真正先验的价值感知

我们之前谈到了所有价值感知及基于其上的完形感知对和谐的响应，但并未全部排除这个过程源自系统发生——一种处在选择压力下的功能。和谐的意义可能在于家庭主妇着手整治其房屋和庭院的衰败现象；农户如果能认识到其家畜和经济作物的任何细微、有损健康的干扰因素，并采取预防措施，就可能产生目的性影响。这些普通能力也可以解释无目的性美的价值。

然而，我相信，一定存在一些价值感知，其从极端狭义上讲是先验的。这不是康德先验的理性和直觉形式，我们能够相当明确地假定，它们是随物种史的发展并在对主观之外的外部环境的理解过程中进化而来的。对未知问题答案的猜测是被允许的，而且进化认识论也证明了人类的这个权利。如前所说，我们知道有不计其数的、完全自然的事物和过程存在，而不被我们的"世界认知系统"所俘获，它们一次次地逃脱，因为我们没有能力"重现"其复杂构造。我们感觉有机过程的不可预知性就是自由，但我们视创造物为价值，因为我们自己就是富于创新的。在我们的抽象思维中正在发生的过程至少可以和进化过程类比，却很可能只是进化过程的某种特例。在人们的精神世界中存在思想单元、学说、传统、假设、教条等，它们各自足够独立并构成一个整体，以期发生交互作用，这与生物界不同种类在进化过程中所做的并无二致。正如卡尔·波普尔所言，这些单元之间彼此竞争，使选择在认识领域与生物进化中发挥着同样重要的作用。大约40年前我写过这样一段话："我相信，在生命体内存在一种反映其内在和本质的结构，它使人能够对价值进行评价，斗胆坦言，它是'先验的'和'思维必需'的，这不仅指人类，还指所有可能的超人类生命，只要我们之间作为生命种类的那个共同点是双方都具有的。"这段话的内容，我今天依然认为是正确的。

目前，在我们的价值感知中所发生的创造过程，是唯一仍然能对我们的这个星球发挥重要作用的东西。人类有责任，去让它认识真实世界，并不折不扣地遵循其针对我们人类的明确旨意。

作为灵魂之对立物的精神

　　人类文化文明的加速发展使社会制度和人类自然偏好之间的不一致表现得越来越荒诞不经。康德意义上的"自然偏好"基本符合那些我们认为由基因决定的人类行为准则；我们相信威廉·麦独孤的说法：这些偏好因各种情感体验、内心感受而生。集体抽象思维、人类精神的成果被证明是人类灵魂的敌人和对手。因此，我毫不迟疑就使用了首次提出上述观点的、路德维希·克拉格斯（Ludwig Klages）[①]同名书名作为本书第三部分的标题。

　　在适应瞬息万变的现代社会环境方面，由基因和文化传统固定下来的人类行为规范在很多情况下表现得"过于保守"。传统，诸如爱国主义，昨天还未对整体文化构成威胁，今天就可能产生毁灭性的作用。

[①] 路德维希·克拉格斯（1872~1956），德国心理学家和哲学家、性格学和现代笔相学（笔迹分析）的创始人。——编者注

第七章　文化中的尴尬

速度的不协调

　　人类灵魂出现得比人类精神要早得多，灵魂，这种主观体验何时产生，我们不得而知。每一个了解高等动物的人都知道，它们的体验、"情感"与人类的相近。狗就有灵魂，而且和我的基本相同，狗甚至可能比我更能付出无条件的爱；我们这里定义的精神是动物所不具有的，不但狗没有，即便是与我们人类血缘关系最近的类人猿也没有。

　　人类精神通过抽象思维、句法语言及由此形成的对传统知识的继承被创造出来，它的发展速度比灵魂的发展快很多倍。因此，人类改变自身环境，常常于己于环境都不利。当前，人类正在摧毁着这个他们赖以生存的地球，并使自己走向灭亡。

人类通过科技发展已把其生存环境变得和以前完全两样了，人类精神的发展及其环境变化的速度如此之快，以至于相比之下，物种进化的速度实际上几近于零。自人类文化形成以来，人类灵魂基本上没有改变，这也就不足为奇，文化总是给灵魂提出无法满足的要求。

如阿诺德·格伦（Arnold Gehlen）[①]所言，人"生来就是文化动物"，即人类行为的系统发生过程是建立在某种文化存在的基础上的。诺姆·乔姆斯基证明，人类天生拥有逻辑思维和语言禀赋，就像奥托·克勒（Otto Koehler）所述，小孩学的不是说话，只是词汇，这种机制的先决条件是现存文化向其传递这些词汇。

尽管存在着系统发育对现存人类文化的适应过程，但人类进一步适应的脚步仍然跟不上文明和社会环境加速变化的步伐，这种落差将会一年比一年大。

虽然，文化本身创造了人类行为规范，但从某种意义上说，这些规范可以代替基因决定的先天行为准则，成为对抗过快发展的稳定和保守因素。那些由传统决定的行为准则，变成了人的"第二天性"。

[①] 阿诺德·格伦（1904~1976），现代德国著名生物学家、社会心理学家和哲学人类学家。——编者注

实际上，当今所有被所属群体成员所"允许"的人类行为，归属于一个非常高的礼仪，即所谓文明行为。汉斯·弗赖尔指出，那些约定行为体面的"规矩"完全不是纯外来的、表面的和不重要的条例，去告诉人们什么事能做，什么事不能做，而是对真正的道德行为起决定性作用的。不仅一些不雅的本能性举动，如搔痒、伸懒腰及其他使身体舒适的动作，为有教养和"得体的行为习惯"所不容，还有其他许多复杂的行为方式也属此范畴。这种形式的文化礼仪基本上不同于康德式的通过自责和自省所确定的戒律与禁令，而且两种方式对违规的制裁给人的感觉不同，一种是违反了类似道德要求，另一种是违背了康德式道德。两种感觉性质不同：对不体面行为的惩罚是羞愧，对不道德行为的惩罚是悔过。

今天，人类文化文明的"紧身衣"已经越来越紧。无论我们在生物意义上的行为还是在传统意义上变成第二天性的文明行为均不再适应人造的，几乎完全由技术至上论决定的环境。我相信，有些叛逆的青少年会混淆这些不同的要求，在他们抗议技术决定论的、资本主义的效益社会时，他们的行为却违反了习俗。他们似乎并不理解，如果不冲撞习俗、人的尊严和美学伦理传统，他们对技术至上的效益社会的抗议会更有前途。无论如何，即使当今青少年并未完全意识到，但是他们的所有叛逆行为都意味着对一个事实的理解：

人类精神已经走上了技术决定论之路，完全是生命的对立物，人类灵魂也是如此。

偏好与道德

《圣经》中说，人从青年时代起就是恶的。如上所述，如果我们违背道德规范，违背以文化习俗沉淀下来的行为规范时，就能感受到不同类型的不满。如果我们没有遵循"优雅举止"而犯错时，最多就会感觉羞耻，这种感觉也可以很强烈。在人类文明中，违背习俗更多引发的是旁观者的耻笑和同情，但绝无愤怒。

违反道德，如《圣经·十戒》所载，会导致其他类型的情感——当事人不会感到羞耻，而是悔过，不相关者则感到气愤。普通人遵守这些戒律源于自然偏好，如果他的行为使"自己快乐"的话。一个人如果对朋友不骗不偷，就不会欺朋友之妻，更不可能杀害朋友。这十条戒律随人类社会匿名化的趋势而丧失了其基本的约束功能。

奇怪的是，康德完全否认这种自然偏好的价值。人们不能为出于自然偏好的行为要求道德盈利，即便这种行为完全是利他的、为社会所称道的。这位伟大思想家令人吃惊的冷血观点引发了一位大诗人的嘲笑，席勒写了如下讽刺短诗："我乐意为亲人效劳，可是，唉！我偏爱他们吗？一个老问题折磨着我：我有真正的道德吗？没有别的办法，只有拼命蔑视他们，从心里厌恶他们，然而还必须尽我们的义务。"

对康德来说，只有那些可以预先设计后果的行为才是在道义上值得称道的，这一康德式提问的意义在于：我是否可以将如此计划的行为规律上升到自然法则层面？或在这种情况下违背理智了吗？在生物社会学的语境中，这种提问就变成：这种有计划的行动是有目的的吗？亦即对物种和所在群体的发展有益吗？

这种类比式提问不适用于区分基因决定的天生动机和理性动机。如果我纯粹出于本能救好友于危难，并事后提出类比式问题，我是否可以将此提升为自然规律，回答自然是"是的"，因它本身就是自然规律。

然而，人类由基因决定的偏好不足以满足一个由数百万计的个体组成的现代社会的要求。通常在熟人圈子中，人们都能相当好地遵循十戒，并能在没有更多的巨大风险的情况下冒着生命危险救助处于危难中的朋友。某美国社会学家就曾计算过，一个通过友情纽带联结起来的团体，其最佳人数是11人。这让人不由得联想到，很多体育项目的运动员人数都是11。另外，在耶稣的12个门徒中仅有11个是忠诚的。

人并非从小就是恶的，他在11人小组一定是足够好的，但是，在一个匿名的、彼此互不相识的大规模群体中，他就会表现得"不够好",不像在一个联系密切的熟人圈子中那样。在文化发展进程中形成的社会戒律与禁令迫使我们持久地克制天生的行为程式,在与群体内其他成员交往的过程中,我们始终让自己身着文化行为规范的紧身衣。

文化发展程度越高,人类偏好与文化要求之间的跨度就越大。在我们的文化中,没有哪一个活着的人没有内心的紧张感。在当今的工业国家中,已经存在一个数量庞大的危险人群,他们已经承受不了这种紧张了,他们要么变得有社会心理障碍,要么患上神经官能症。我们可以这样定义有心理障碍的人,如不是他们自寻痛苦,就是群体制造了痛苦。

没有痛苦的人是不存在的。健康者和病患者之间的区别类似于,健康者有一颗被修复好的心而病患者修复失败。由此就得出了一个解决前面通过康德和席勒之间交恶所涉及的表面问题的答案。我们中没有人表现得"足够好",如果我们盲目地顺应自己的本能行事,就会陷入与文化群体要求的冲突之中。然而,对社会本能,尤其是应对社会障碍的禀赋,人与人之间极为不同。再回到上述修复心脏的例子:有的人需要修复的地方多一些,有的人则少一些。如果让我评价一个人好的程度时,我完全会自然地把那些出于友情和纯粹的偏好让我感觉好的人排在最高,而不是那些自我把控极好、客观上做得同样好的人。相反,如果让我评价个体行为的话，就以我自己的行为为例，我就会认为那些符合康德式道德的更值得称赞，而不是我自己情感偏好的行为。

所有禁欲主义布道者的说教中都有真实成分，但存在对行为主义和刺激—反应模型的威胁，这种模型把动物和人都看成是单纯的反应器，其对刺激的回应就像按按钮似的，并无自发冲动。实际上，人类和动物的几乎所有本能行为都建立在自发刺激形成的基础之上，它强力释放出来，恰恰在刺激环境不当的情况下构成危险。能够看到这一点，归功于弗洛伊德的巨大贡献。曾几何时，谢灵顿（Charles Scott Sherrington）[1]的反射理论被看成终极真理，并在行为主义和刺激—反应心理学中获得最广泛的认同。弗洛伊德却在这时认识到生物体自发性本能冲动决定行为的基本事实，他遂以巨大的简化主义将决定生存和物种发展的本能全部概括为性本能。

奇怪的是，文化的发展似乎很少顾忌人类个体的幸福。人类权利，即那些每个人天生禀赋需要被适应和满足的需求，似乎对文化发展的方向没有太多影响。那些传统及形成的传统习俗却享有绝对影响力，似乎没有边界。当听说印加人以其无可置疑的高度文明却制造了残暴和压迫，也没有发

---

[1]　谢灵顿（1857~1952），英国神经生理学家，诺贝尔生理学与医学奖的获得者。
　　——编者注

生过一次群众暴动，人们感到震惊。

当我们观察到，当今工业社会中的人们都自愿放弃了哪些人类的基本权利，我们必须扪心自问，我们是否原则上胜过印加文化：我们这个社会所有阶层的每个成员无不感受到的压力在不断增加。压力，这个现代社会天天会用到的词，专指那些有机体所承载的负担，负担不仅指人受迫于上述所有强迫而力所不及，还包括挑战不足和缺少多样性。

第八章　原始有意义行为方式的失误

关于正常与病患的定义

所有摧毁文化的过程最终是由于文化和基因进化速度差异而导致的，这就是我们下面必须讨论的问题。对概念组，如健康与病患、"正常的"与"有病的"的定义，只有从其终极目的性观察中才能给出，换句话说，就是要看有机体从特定环境中发生的、有待鉴别的特征是增加还是减少了生存机会。一个经典的例子是所谓的镰刀细胞性贫血，这是一种严重影响氧气交换的红血球再生性障碍疾病。然而，红血球对能引发疟疾的锥体虫的侵染有免疫能力。在冈比亚[①]，直至

[①] 冈比亚，冈比亚共和国的简称，位于非洲西部，西濒大西洋。1965年冈比亚脱离前大英帝国独立，是世界上最不发达国家之一，该国经济落后，主要以农业如种植花生以及旅游业作为收入来源。——编者注

19世纪，只有身患镰刀细胞性贫血症的人才是"健康的"，因为有正常红血球的人大部分都从孩童时期起就会患上当地流行的严重疟疾。

什么是正常，什么是病患，并非在所有情况下都能明确界定。然而，我还是想在下面区分两种类型的错误结果：一种是那些基因决定的、原本对人类社会是有目的的行为，但在当前人类环境条件下发生了质变的结果；另一种是本身就明显具有病症的、通过"亢奋"爆发的结果，就像定义神经官能症一样，病人被疾病控制，乃至所有其他动机都被压制。我们不应忘记，我们人类借助遗传能力而获得已积累的特性，首先在生物上取得了令人难以置信的成功，没有其他脊椎动物能像我们那样，成为当代的"标准化石"。恰恰这个巨大的成就引发了当今威胁人类的风险。

不少本章论及的行为规范不久前还是明确有益于人类的，至今仍被视为人类美德，这也无可厚非。然而，在当前环境中，它们却倾向于机能亢奋，后果危及自身。（我曾提及罗纳德·哈格雷夫的研究策略，就是他习惯于对人类的任何行为障碍都先用下列问题来考察，即这种行为障碍是否是在原本健康、有目的性行为方式基础上过度亢进或衰竭。）

钟爱制度与过度组织

毫无疑问，钟爱制度的初始意义是程序行为，应属人类美德。那些让我们感觉和谐，感觉有机系统诸元素之间交互作用的健康平衡的价值感知与其紧密交织在一起。阿道斯·赫胥黎曾说，这应该是人类精神初级和基础的原动力，一种知性本能，一种从混乱中构建秩序、从不和谐中创造和谐、从多样性中达成统一的欲望。在自然研究领域，这种建立秩序的意愿是不可或缺的，但这也会带来一定的风险。提出统一的世界全景构想的追求诱使很多科学家不懈地构建"解释性垄断"系统。可以理解，负面的价值感知也同样是重要的，这是由诸如对有机整体的破坏、无序和混乱等因素给我们带来的。

在人类历史中，建立秩序的意愿会导致危险是很晚的事情了。在最古老的狩猎采集时代，人类社会的组织并不比狼群、黑猩猩部落或小学班级的组织结构复杂多少。在这些组织的个体中间存在着明确的等级，它有时甚至可以形成强者的暴政，或更有甚者，构建由高级别人物构成的"集团"，并以此对弱者实施暴力镇压。然而，这种暴政既非基因程序设定，又非经传统而制度化。人们虽不能肯定，这种社会阶层的组织制度最早是以什么样的方式出现的，但基本可以断定，这种阶层的分化与个人私有财产的形成有关。如果不是早期的游牧民族，那么在我们的文化中就会形成以农耕为特点的制度化等级秩序。起初的农业经济一定是家庭作坊式的：父亲、母亲及不同年龄的儿女，每人有其一定的、传统意义上的权利和义务。人们在土地上付出很多劳动，自然就产生所有权的问题，以及由此引申出的、按传统定义的继承权问题。长子继承财产，其他没有资产的子女或受雇于其长兄，或在其他农民那里得到工作，这样就产生了雇佣关系，也出现了雇农阶层。正如汉斯·弗赖尔令人信服地告诉我们的那样，随着农业耕地的出现，农民产生了对游牧民族的敌意，因为可以理解，农民不愿意看到游牧人在其辛勤劳作的耕地上放牧。也许《圣经》中兄弟之间的谋杀是这种敌意的象征性表达，我还是个孩子的时候就总是深感诧异，怎么会发生农民凯恩打死阿贝尔①的事，因为后者作为羊倌能屠宰较大的生灵，比只跟庄稼打交道的农民凯恩似乎更擅长屠杀。

毫无疑问，人类社会阶级阶层的形成与私有财产的制度化有关，无论财产是以牲畜还是土地的形式存在。也许当时就是这样，这样的农业产生了两种危险的后果：其一，在耕

---

① 《圣经·创世记》中有此描述。凯恩即该隐，阿贝尔即亚伯。——编者注

地防御方面，当时的农民一定比狩猎采集时代部落的人攻击性强很多，因侵占领地对后者来说，并非生死攸关的事。这种领土侵略性是否会随着文化传统而加剧，或者在较长的时间段内，这种领土斗争不断发生，导致了人类攻击性的基因变化，我们不得而知。其二，这种农业催生了人口的爆炸式增长。

然而，我们不应该将所有人类群落分层式组织结构的第一个阶段都想象成严酷和残忍的。看看荷马的描述，其中对人与人之间行为的真实描写我认为是非常可信的。那时，主人和追随者之间的关系，甚至是地主与雇农之间的关系都是极为"家庭式"的。想想在奥德修斯和他父亲时代就买下来的奴隶，即猪倌尤麦俄斯之间存在的友谊就能说明这个问题。那些在伊萨卡及其他小岛屿上的国王们，显然不能当作大农场主来看待，他们却有权将其部下、随从派往战场。战争产生的俘虏，因不属于战胜者家族，就沦为真正意义上的奴隶。

人口数量的增加也使农庄变成帝国，那种人人认识人人的家庭关系土崩瓦解。而恰恰这种熟识，正如我们所知，是最重要的侵略性制衡因素。因此，如同在我们这个社会中发生的一样，这种人与人之间关系中的去个性化倾向是危险的。随着人口的增加，统治者与被统治者之间的力量对比发生了很大变化，像我们将会看到的那样，这种改变是一个族群规模发展的规律性结果，并不仅是封建社会秩序独有的特点。当少数统治者傲慢地享受其荣华富贵时，绝大多数被统治者却在苦难中艰难度日，这就会引起愤怒的爆发而改变这个社会，遂使得封建领主的暴政走向法国大革命。自由、平等、博爱的进步词汇似乎首先把人们带向一个人类历史的新阶段，然而，断头台的发明却让人们对此产生些许质疑。

民主的目标必须是在对大众所必要的制度和保护个人行为自由之间达成某种妥协，这种行为自由属于人权范畴。通过立法去实现这个高级目标更为困难，正如大多数诚实的民主人士所认为的那样。即便民主的作用没有被大工业的隐形力量所破坏，也总是存在几乎不可逾越的障碍，让选民的意愿以合理的方式使被选者付诸行动。巨大的居民总数本身也会带来问题，即选民太多，而代表他们的被选者太少。即使一个道德上无可挑剔的、真正的民主过程也会给极少数人手中聚集过多的权力。很少有人能在手握权力时保持其完整人格，就算他们在睿智和道义上是无可指责的。独裁者的自大狂和迫害狂是一种非常现实的疾病。

在工业社会中，财产的增加就意味着权力的获得，这是不能避免的。在我们这个世界的巨大集群中依然存在这样的现象，较小企业以其有限的资本在与较大企业竞争中仅获取微利。有一点是清楚的，最终大型生产厂商可借助技术进步控制一切。相信这个世界由政治家掌控，是错误的，在其身后发挥作用的是超大工业这个真正的暴君。尽管举行过很多高峰论坛和削减军备谈判，冷战双方的军备竞赛却仍在继续，这不是因为美苏都彼此害怕，而是因为工业有利可图。

伴随着技术进步，人类社会的组织也获得了相应的发展。必须建立复杂的社会管理组织，以适应复杂的机器设备的需要，这是生产顺利进行所必需的。为适应这个组织结构，个体就必须被去个性化。为了能完成其被精确确定的职能，组织成员就必须变得与自动化设备无异。成千上万绝对"正常"的人无差错地生活在这个社会中，如果他们真的要坚持其人权，他们就必须起义，反抗这个社会。他们只能坚持个性的幻想，在现实中，他们现在已经放弃了他们的大部分自由，对当今世界秩序的认同不知不觉地导致了个性的继续丧失。

处在某种制度中的人越多，所需要的高级组织就越缜密，其去人性化的危害也就越大。工业的增长汇聚越来越多的人群涌向越变越大的城市，这是不健康的。人们知道，这在人口密集的大城市意味着精神疾病、吸毒和团伙犯罪。然而，人们还未从基因上足够地去人性化而受到伤害，去适应消灭人性的缜密机构，在这个事实中，矛盾地隐含着一线希望。

艾里克·弗洛姆（Erich Fromm）[1]称："当代西方社会虽然拥有物质、精神的和政治的进步，却很少能确保精神健康，它销蚀人类个体的内在安全感、满意度、理智和爱的能力。这个社会带着一种绝望把人变成机器，机器的人将为泯灭人性和精神疾病与日俱增而受到惩罚，并在其扭曲的工作和所谓的自娱背后埋下绝望的种子。"弗洛姆在诸多城市人患病的神经质症状中也看到了希望的依据，即人们正在与去人性化抗争。许多人表现得之所以"正常"，是因为人性的声音在其体内沉默。

为了解放当前在缜密机构下生活着的人们，人类社会需要彻底的结构调整，也就是说，要否定许多决定当今世界现象的价值观念，这当然会带来巨大的危险。正是在今天这个时代，我们自身经历过社会动乱和战争，而这些仍在世界很多地方发生着，这种对社会混乱的恐惧似乎无条件地迫使现存社会结构被征服。对秩序的钟爱能让人类走向暴政，或许某个暴君会因此而夺权，因为大多数人对其抱有期望，他或许能够把"错位关系"理顺。

---

① 艾里克·弗洛姆（1900~1980），德国精神病学家，新精神分析学代表之一，人本主义心理学的先驱。——编者注

增长的喜悦

增长给人类带来喜悦。农民都会很开心，如果他的庄稼长势良好，或新获耕地，或扩建其居所，或家畜欣喜"添丁"。当我们还是孩子的时候，那种因家乡村庄扩大而给我们带来的喜悦心情至今让我记忆犹新，我们兴奋地参观每一幢新建筑，设想它们将如何改变我们的生活，这种情况现在发生了根本的改变。有一种观点开始占上风，即超大的房子、超大的企业并不比适当大小的漂亮、更好。当谈到增长时，我们经常会听到商人们说，增长，而且是指数级增长，完全是自然而然的，从而也应是合理的人类活动。事实上，一颗冷杉树苗也可以是以"指数级"生长的，这种增长是全方位同时进行的，是空间的，大致接近于立体的。我在比较生物性增长和经济增长时，只谈植物个体以及完全依赖种子的生长发育；事实上，在生物界内没有纯粹线性增长的例证。

植物生长和工业或商业企业的增长有些共通的地方，两种增长均系准指数级，这在前面已提及。它们都很难被叫停，即便是短时间的。植物有一种特殊的适应能力，它们可以像落叶树进入冬季那样使自己较长时间处在一种休眠状态，很多沙漠植物进入旱季也是如此。它们可将其体内的物质循环调低至最小的水平，有机体可以较长时间没有能量供给处在"微火"状态下生存。企业也可以这么做，但要难一些，因为投入的资本必须赢利，没有商量的余地。

比相似性更重要的是在这两个不同动态系统之间的差别，如谚语所说，老天爷不会让树长到天上去。物种史确定的自然年龄极限是不重要的；纯物理环境，如不断增长的液体运输困难及风压等诸多因素就限制了植物的过大生长。相反，企业在理论上是可以呈指数增长而不死的；企业的增长不仅没有极限，甚至企业越大，碰到的障碍还越小。全球性康采恩很少破产，马克思就曾完全准确地预测，由于大企业具有较大的、顽强的生命力，它们的持续增长往往会把小企业逼上绝路，直至破产，首当其冲的是小企业主、手工业者。近年来，这种发展趋势似乎在逆转，给了我们可以乐观看待的理由。

植物生长和企业增长的另一个重要区别表现在，植物在其个体生长过程中"吸收养料"的方法也许不会改变，如果生长所必需的养料逐渐减少，那么它们只能缓慢生长；如果养料来源完全枯竭，它们也就必死无疑。然而，工业企业却在不断地改进方法，当鲸鱼的数量在不断减少时，捕鲸的技术却越来越精细。尽管这样做会在可预见的、不久的将来使收入来源完全枯竭，企业也视之漠然。然而，大的康采恩绝对不会因石油资源的渐渐枯竭而破产，它们的自我调节能力很强。即便是今天，巨型 "跨国公司"也依然控制着世界经济的绝大部分。大资本家的游说集团迫使人们屈从于所谓"专家"的强暴言论，他们受限于社会分工条件下的某一领域，只能顺从金钱专家的命令。

阿道斯·赫胥黎在他的《美丽新世界》和《重访美丽新世界》书中为我们勾勒了未来的阴霾景象，其中论及我们的同类智人虽然存活，但他变成了一个被做好各种风险防范的、稳定的系统。然而，这其中人性和人格已经消失。

即便如此，把人类的命运引到另一个方向，还希望尚存。如果要实现这个目标，必须由人类道德及价值观来担当，并与几近不可抗拒的、系统发生编程的人类行为趋势争夺胜利。对财产增加的喜悦并非唯一把我们人类推向衰落的动机，另一种强大的、本能的程序——权力欲、对社会地位的追求，有异曲同工之效。我们知道：企业应当具有适度规模，生产资料的非集中化是绝对必要的，要把不断加速的经济增长停下来。可是，它们能否战胜现今主导世界的技术决定论体系，令人深感疑虑。

在下面这个特殊案例中，较大企业增长和较小企业被淘汰的强迫症，有着特别恶劣的影响；这就是媒体，尤其是报业。杰斐逊，一个伟大的乐观主义者，为报业的兴旺而叫好称快。他认为，如果所有的人都能看报并且报纸上什么都允许登，就会不可遏止地迫使所有公民共同的知识形成一种不同意见的统一。杰斐逊也经历过新闻自由导致谣言四起的事，因为报业企业完全与工业康采恩一样，倾向于扩大与联合，在西方新闻世界中的独立观点越来越少，直至最后，仅有少数几家媒体乖乖地为大型工业康采恩传播观点。而且，创新型进化在数量上的增加在此也走到了尽头。

功能控

另一种编程的行为准则是被卡尔·布勒称作"功能控"的概念，这种行为在原始形式中是造福于人类社会的，但是在一个过度组织的规模群体条件下可能受到诅咒。

生命体一旦具有非常复杂的运动能力后，也就是说，掌握了一系列有目的运动技能之后，就乐意表现出这些动作。初始有目的导向的运动结果变成目标本身，如哈利·哈洛（Harry Harlow）[①]等所证明的那样：他在一个箱子里给一群猕猴提供一个诱饵，它们可以通过打开一个锁扣获得饵

[①] 哈利·哈洛(1905~1981)，英国比较心理学家，早期研究灵长类动物的问题解决和辨别反应学习，其后用学习定势的训练方法比较灵长类和其他动物的智力水平。
　　——编者注

食。当它们学会了这一系列开锁的复杂动作之后，它们发现原来这是如此有趣，以至于人们可以将该锁扣用于教猕猴学习其他行为能力的诱饵。

习得每一种熟练的动作自身都是有趣的，即便它是通过非常艰难和不情愿的过程才学会的。人们学习很多动作是出于自身的意愿，甚至不惜花费重金，如滑冰、滑雪及其他体育运动。可以概括地讲，越是难以学会的运动，就会提供越大的功能实现欲望。

功能控对工作着的人来讲是一种福音，每一个人都沉浸在自己熟练的动作中，一位木匠对木头喃喃自语道："这就像刨黄油一样"，他同样沉浸在某种兴奋当中，这与滑雪者谈及完美的粉状雪的情形无异。没有这种对能力的喜悦，我们人类的日常工作将会变得多的枯燥和难以忍受。

功能控也同样可以适用于操作复杂的仪器，或者纯粹的脑力活动，或者与此相关的活动。熟谙计算的人，计算时就有乐趣，这种乐趣也可以扩展到对计算机和日常使用的电脑上。这里还应考虑到其他因素：我们可以说，当今，电脑和对电脑的使用已经变成科学的身份象征。我常常感觉到，熟悉电脑的年轻学者对这些机器的反应与小男孩在玩自己第一个电子轨道车时的情境类似。如果一个现代的、研究量化规律的自然研究者努力获取对机器设备尽可能充分的把握，并用在正道上，当然是正确和健康的。然而，不幸的是，这种使用电脑的兴趣自身也可独立成章，像其他在功能控影响下所做的那样。这样，对电脑的使用就不再是达到目的的手段，而是演变成了目的。换句话说，那位年轻学者更倾心于完成那些必须更多地用电脑得到答案的任务。

在技术至上的时代，功能控会导致重大危险，即强调乐趣的行动会变成目标本身。上述对使用电脑说过的话，同样适用于所有生产设备。

竞争的喜悦

人体内一定存在一个由遗传基因决定的行为准则，它促使一个人在任何其他人擅长的领域上去超越对方。其他高等动物也有类似的行为方式。大部分涉及礼仪性对抗，如许多慈鲷类鱼的所谓尾柄，其中的双斑伴丽鱼（俗称红宝石）也知道速度竞赛，阿尔弗雷特·赛兹（Alfred Seitz）[1]称之为"并行疾驰"。同样是在慈鲷类中，镰鱼的礼仪性行为被威廉姆·彼必（William Beebe）[2]描述成游泳比赛，这无疑是

---

[1] 阿尔弗雷特·赛兹，作者的朋友兼助手。——编者注
[2] 威廉姆·彼必（1877~1962），海洋生物学家，也是著名的探险家。1934年，他曾用一个球形潜水器潜入了深海，到达了水下大约3 028英尺的地方，当时他称深海世界看上去就跟火星上一样，他让人们开始对海底世界有所了解。——编者注

在对抗与竞赛中形成的。我们常常能够看到，人们用幼年的狗，尤其是善于逃跑的幼年有蹄类哺乳动物进行打赌赛跑。H·埃迪格（Heini Hediger）[1]指出，无论是食草动物还是食肉动物，它们的追踪者都"热衷于这种游戏"。在人类的很多游戏中都有竞争，而且是越来越多地表现出战斗的特征。很遗憾，很多体育形式在比赛过程中越来越丧失其快乐游戏的功能，进而不仅失去其消解压力的作用，而且把体育活动本身变成可恶的压力。没有动物爱好者会让动物接受诸如滑冰这种严酷的挑战，除非是针对有滑冰天赋的孩子。一个医生，当发现滑冰选手的表情和身体体态表现出完全体力不支时，一定会立刻禁止选手比赛，除了比赛中必须停下来治疗。

人类生活中，几乎没有一个领域不受到追逐竞争的影响。在人类出现之前的生物界中，以及人类在低级文化水平时期，竞争还是绝对有益的和刺激的要素。竞争随着文化水平的提高和人口数量的增加变得危机重重。当两个好胜的团队比赛时，我们将要论及的兴奋所引起的集体攻击性显露无遗，它一定会使争议升级。最后，这种不可遏止的竞赛嗜好会将人类带入集体自杀的境地。

---

[1] H·埃迪格（1908~1992），瑞士生物学家，以其在动物行为学领域的空间关系学研究著称，并被公认为"动物园生物学（zoo biology）之父"。——编者注

劳动分工与专门化

如果将遗传与变异看成是人类一种古老的获取和存储信息能力的话，抽象思维和语言文字的形成就标志着人类又获得了另一种新的能力。知识产生知识，遂加速了文化的发展。人类集体知识在规模上的增加速度远远超过其个体大脑知识容量的增加速度，这就意味着，知识在个人之间的分配不可回避，劳动分工就成了完全正常的组织过程。从原生动物开始，细胞核和细胞质就已分离，各司其职，这样的原则对所有多细胞动物也同样适用，而且，分化程度越高，部分对有机整体的依赖性就越强。即便蚯蚓被截成数段，其中每一段都能继续存活；而千足虫被分成两段，便不能成活。

在达·芬奇时代，人类个体还能了解相当多其周遭值得知道的知识。现在就不同了，个人掌握的、原本就极其有限的知识在整个人类知识中的占比逐年下降，除此之外，城市文明的层层机构及其恶性竞争把一切都变成了快节奏，使人们几乎没有时间去完成为使其在职场立足而能够和必须做的事。他们必须在青少年时期就选定一个学习的专业方向，然后全身心投入，进而没有时间和精力再学习其他领域的知识，更没有时间思考和反省；而反思是对人类有建设性意义的活动，为此需要闲暇时间是人类的一种权利。

被迫的专门化不仅限制了人类本身，而且还使这个世界变得极度无聊。正如维克多·弗兰克尔（Viktor Frankl）[1]非常贴切地指出的那样：我坚信，世界的"去意义化"已成为专业化后果的重要组成部分，也就是说，如果人类丧失对世界的整体把握，也就不再能感受世界之妙趣。

每一个因纽特人都有能力应对本族群中所有必须面对的事：他可以钓鱼，用矛捕猎海豹，会建造圆顶冰屋，会制作雪橇等等。在我们西方文化中，这种劳动分工已在最古老的神话中被提及，阿波罗的竖琴不是自己制作的，而是赫尔墨斯，他窃用乌龟的龟壳和山羊的羊角制作而成。无论是在希腊还是北欧传奇中，都有一个瘸腿神铁匠的形象。我们是否可以推测：一个强壮的男人因事故受伤而不能正常走路，不再能跟上狩猎和赶赴战场的队伍，转而锻造军械及其他物品并很快能做得炉火纯青，他的这种专门化使自己及其族群都会"受益"。

这种形式的"制造商"可能很早就有了，在铁器时代初期，或许也并非所有部族成员都能浇铸、锻造利剑或矛尖。今天，几乎无人能自己制造出我们的日常用品，我本人既不

---

[1] 维克多·弗兰克尔(1905~1997)，医学博士，维也纳医科大学神经与精神病学教授，担任维也纳神经综合医院的首席专家长达25年，他创立了"意义疗法"及"存在主义分析"，被称为继弗洛伊德的心理分析、阿德勒的个体心理学之后的维也纳第三心理治疗学派。——编者注

会制造我手中的毡尖笔，也不会制作我鼻梁上架着的眼镜。例如，我眼镜上的金属铰链、镜片和塑料部件一定分别出自三位专业技师（或制造设备）之手。

虽然我不会制造我眼镜架的这些组件，但是我至少还能在一定程度上看清其物理结构，并且有能力在万不得已的情况下用金属线和绝缘胶布做基本修复和再造。

人类耐用消费品越复杂，消费者就越难对其原理一目了然。我家彩电的电子部分我根本就没法弄懂。最后这个例子说明，消费者即便完全不了解由高智商和由发明天才所设计的设备，也不影响其使用。这个智能设备越专门化，人们了解到的其工作原理就越少；用一个最贴切的奥地利术语来说，这必须是完全值得"信赖"的。

劳动分工和专门化本身并没有什么不正常，在有机体的器官之间是没有竞争的，但与有机体的物种发展史不同的是，在人类社会中所发生的、整个社会各个部分之间的过度竞争是危险的。一家汽车厂往往处在与其同类工厂的竞争中，尽管大家都生产具有同样功能的、能作为人类代步工具的汽车。很遗憾，技术领域所发生的一切也强制性地映射在人类总的精神活动领域。这不仅仅是对技术设计师提出的要求，即使是科学家，也被逼入极端专门化的境地，如果他们也想让自己有足够的竞争力的话。他们就根本没有时间涉足自己专业方向以外的领域。是的，如果他们这么做了，甚至会招致诋毁；人们一定会抱怨他们不够专业，用古谚语"鞋匠，别离开你的楦子"来形容他们。对此，汉斯·萨克斯（Hans Sachs）①就曾给予了反驳。

这种状况，即没有专家会对"邻家"领域具有足够的知识，又不可避免地导致每个人都认为自己的专业领域相对于其他所有领域而言是最重要的，从而导致一种危险的、对真实性认识的偏差。对每个人来说，"真实"就是与其每天共处交换影响，就是其每天都必须依此应对日常工作的东西。然而，绝大多数人都仅跟没有生命的东西，尤其是人造的东西打交道，由此，他们会形成一种夸张的看法，即人类什么都可以造。他们因此首先丧失了对那些人类还不能造的所有一切的起码尊重；他们已经不知道如何与其置身其中、赖以生存的生物圈中的生命体相处。

被迫放弃理解

对自身狭窄知识领域的高估，却无法阻止某方面专家对另一方面专家给予无限的权威，他也是不得已而为之，因为

---

① 汉斯·萨克斯（1494~1576），德国16世纪著名的民众诗人、工匠歌手。当过鞋匠。主要的成就是戏剧与诗歌，以诙谐、生动的教训和写实主义的社会描写为其创作特点。——编者注

他没有可能对陌生领域提出自己的看法。如上所述，我们都不断地使用工具，我们既看不懂它们的工作原理，可能也不会自己去制造。

这种对产品介绍的放弃是不可避免的。消费者在使用不理解其原理的仪器设备时，必须严格遵循生产厂家配发的产品使用说明书。产品越复杂，厂商能为用户提供的关于功能原理的内容就越少；自动化必须取代理解，消费者获得信号变得越来越简单。不久前，汽车上还用压力表的形式来测油压，今天，很多款车型就只有红色警示灯，以提示驾驶员油路循环出现故障。

任何领域的专家都必须习惯于不假思索地接受并信任其他专家的意见。这就为一个全新的特殊领域开启了一扇门，即一个全新的行业——广告业。

广告

广告本身也并非是什么邪恶或非生物的。昂立在树冠上的知更鸟就会用嘹亮的歌声在阳光下炫耀自己红色的美胸，为自己做广告，所有发情的鸟类和鱼类都是如此。一切所谓雄性求爱行为，如"骏马雄健的原地踏步"就同时具有威慑其竞争对手和向雌性发出求爱信号的作用。我们将在本章中详细探讨谎言及其不良后果。不过，求偶动物发出的信息却是完全可以信赖的：知更鸟所展示的、最美的红胸脯和最响亮的歌声，无论从哪种角度说，确实都是最美的。

人类可以，甚至必须做广告。科学家有义务，以演讲或写文章的方式介绍并尽可能地传播自己的知识，人们希望科学家真实地传递信息并通过合理的论证使人信服，这样做是被允许的。如果某汽车厂商声称其新车型四轮驱动，这没什么可质疑的；这适用于所有广告，只要其对受众传递的是产品实情。然而，今天的绝大多数广告主要借助某种特定的技术，迎合消费者心理，甚至根本没有尝试向消费者传递那些信息，使他们能更好地理解被包装产品的结构和功能。

在民主政体内，对任何问题的赞成和反对意见都应悉数告知民众。然而，只有当公众能理解这些信息时，上述要求才有意义。要理解这些，以上述专门化以及与此相关的知识领域局限，确实都有难以逾越的障碍。今天的文明人只在自己的专业领域有权威感，而当问题出现时，他乐见责任不在自身领域，而涉及整体。在有些情况下，他甚至不惜准备把政治观点作为"商品"来购买，那些意见制造商根据要求给他提供"商品"，然后，他会像消费品生产商做广告一样，以完全相同的方式做宣传。

广告专家以自然科学的方法发现，通过理性原因接近受众的办法是错误的。更好的办法应该是与人类灵魂深层的、情感的，甚至下意识的部分对话。科学的说教肯定是没有效果的，广告人如果懂得操纵人的本能和情感，一定会取得成功。谁想赢得大多数人，就得使用开启他们"心灵"和下意识的钥匙，那里有基因编程的行为方式准则，如恐惧、性、等级需要等，这些都可以在毫无怜悯心的模拟实验的帮助下被操纵。几乎所有本能的感觉、情感都会受到各种宣传手段的影响；这里有一点非常重要，正如赫胥黎非常正确地描述的那样，受众并没有意识到一个事实，即他们看到的只是其愿望的一种象征物，而非愿望的实现。游泳衣或润肤霜的广告似乎在宣称，幸运的女性消费者会像广告上的模特一样光彩照人。据赫胥黎称，一位化妆品生产商曾坦言，他们出售的"不是羊毛脂，而是希望"，羊毛脂的价格便宜，而生产商会让希望的价格数倍于它。

这种广告方式的一个危险后果是，它会让人们慢慢地习惯于忽视理智和真相。

就下一节我们将讨论的政治宣传也会使出浑身解数的这一事实，赫胥黎的问题并非没有道理，即有计划地去唤醒人类承担责任的理性到底有无前景，以及试图以理性来引导人类社会发展的尝试是否能实现。目前看起来，人类理性似乎要输给并非总是以道德方式行事的广告科技的优势，广告对政治如同对经济的操控一样，是一个非常值得关注的问题。

　　显然，这种对信息的操控是极其有害的。在动物种内之间的信息交流中，欺骗性的宣传并没有得到证实。这一点，A·扎哈维（Amotz Zahavi）[1]曾令人信服地给出了证据。可以期待，在人际信息交流中，诚实渐渐变得更有优势。我虽活了很久，却依然很乐观，我认为，我们已经可以从媒体中感受到某些走向更加真诚的趋势。

集体侵犯性热情与政治宣传

　　赫胥黎曾说："做商业广告比政治宣传容易些，后者是集权国家和独裁者所必需的，因为每个人从一开始就有对啤酒、香烟、电冰箱及其他产品的某种程度的偏好。然而，没有人愿意让自己的生活起步就带着对暴政暴君的偏好。商业宣传只有在必须遵守一定的游戏规则时，才有些难度。来自乳制品作坊的乳制品、奶酪和黄油的推销员也许很乐意诋毁植物油、人造黄油和人造油的生产者，并将其当作敌意的、专横权力的代表，烧毁其厂房。然而，这是被禁止的，斗争将以其他方式进行。"

　　一个原本在人类物种延续意义上的行为准则对政治宣传

[1] A·扎哈维（1928~ ），以色列动物学家。他提出了累赘原理。这一原理一度受到理查德·道金斯的批判。但后来，道金斯在自己再版的《自私的基因》中承认这一原理的正确性。——编者注

正好有利，但它在现代文明的大社会中可以变得异常危险：这就是集体侵犯性热情。最初，这种热情是为了捍卫自身群体、家庭的利益。几乎每个人都有过在此讨论的这种行为方式的主观体验：一阵令人颤抖的寒流从人的背部流过，仔细观察还会发现，这股寒流还会流过胳膊外侧，人们禁不住把这种性质的亢奋感受为高尚，把皮肤的刺痛感受为"神圣沐浴"。德语词"热情"表达的是人们对高尚的、特殊的人性抑或人类思想的执迷。源自希腊语的"狂热"表达的意思更多，如人类接受了上帝的意旨。

当了解与我们人类最近的，非常肯定具有同源行为方式的近亲黑猩猩之后，我们就会对上述"神圣沐浴"的神性开始产生怀疑。在我的《所谓的邪恶》一书中，曾对这种通过客观观察得到的、与热情体验相伴随的行为进行如下描述："整个横纹肌紧张度增加，身体僵硬，胳膊有些向侧面提起并且转向内侧，以成胳膊肘外拐之势。昂头、下巴前倾，脸上的表情是一副我们在电影中看到的'英雄人物'的形象，背部及胳膊外侧汗毛竖起。这就是后来演变为成语的'神圣沐浴'的客观的一面。"

这种毛发竖起让不久前受过惊吓的男人似乎会再次受到惊吓，不过程度较小。这种运动模式源于人类还没有完全直立行走的时期。颈背汗毛的竖起，敌方不易察觉；黑猩猩正常的姿势中，这个轮廓表现得很明显。人类和黑猩猩行为模式的同源性毋庸置疑。

像其他由本能决定的行为方式一样，集体侵犯性热情也会被可精确定义的刺激情境组合触发。像黑猩猩一样，我们的热情自卫是具有社会属性的。

当任何一个社会单元需要斗争性防卫时，人类就会做出有意识的、可预见的反应。这种单元可以是非常具体的家族、国家、母校、足球俱乐部，或者某种抽象事物，如自然研究理念、艺术创作的不可贿赂性或者"古老的神圣团体精神"等。与此相同，其他情感也会出现这种情况，即对热情的反应不受理性制约，而毫无保留地投入到客体中。

当一种有防卫价值的威胁存在时，这种激发集体侵犯性热情的刺激情境可以被看作是有效的关键刺激。煽动者非常清楚，借助这样一些敌人形象也会达到他们的目的，即便只是假想敌。除此之外，它们还可以是具体或者抽象的敌人：如所谓的无信仰者、德国佬、匈奴、暴君等，或所谓的世界资本主义、共产主义、帝国主义以及其他诸多主义。

这种冲动行为有特殊的心理生理状态，其危险性在于，人类在这种状态下所有的价值观念似乎都丧失殆尽，唯有正陶醉于其中的那个独占鳌头。当人们沉浸在冲动"令人振奋的"主观体验中时，感觉自己摆脱了所有日常价值观念的束缚；人们感觉到被解放，并且可以不顾一切地遵从于某种"神圣使命"。

毫无讽刺，海涅就让他的英雄角色道出："女人关我什么事，孩子关我什么事，我还有更好的事要做，如果他们饥饿，就让他们去讨饭。皇帝，皇帝应该被抓起来！"当对自身家庭的义务在这种集体冲动的状态下被忽略时，就不必奇怪于他们还会把其他社会行为规范放在心上，尤其是当所有本能的限制失去其控制力时，人与人之间就会互相伤害或杀戮。价值观的荒诞偏离使得理性的思考常常显得低下和耻辱；对这种被冲动操纵着的行为的批评和反对变得几无立足之地，如乌克兰谚语所言："战旗一挥，理性尽在号角。"

该谚语的脑生理学解读是：如果间脑说话，新皮质[①]就沉默。煽动者们早就知道，对需要影响的大众，正确的宣传方法就是让他们的大脑活动完全沉默。《我的奋斗》一书中希特勒非常坦率地大谈此法，他知道针对所有现代众生心理的广告战略，他完全正确地估算出凝聚的累积效应，并看好集体行军和集体唱歌的心理暗示作用。在《所谓的邪恶》一书中我这样写道："合唱意味着已经将一根

---

① 新皮质（Neocortex）是种系进化大脑皮质中出现最晚、面积也相对大、智慧程度也相对高的神经组织，属联合区，是人脑区别于一切动物脑中最为优越的神经。——译者注

手指交给了魔鬼①。"

在写那本书时我就认为，战争是一个民族对另一个民族的侵略行为，它是有组织的，也是有文化依赖性的。当一位意见反对者因误解而著《战争没有编入我们的基因》一书时，我的回应是："我从未这么认为"。不幸的是，据珍妮·古道尔（Jane Lawick-Goodall）②对自由生活的黑猩猩所做的观察，证实了这种真正战争行为的存在。"战争贩子"的表情正好与上述人类的相吻合：它们彼此挑唆，情绪激昂，遂形成集体侵犯性，进而一致攻击一个相邻的黑猩猩部落，而且首先攻击对方最强壮的年轻雄性。在该案例中，它们很快就杀死了所有敌方部族成员。因为人类几乎不想承认这些类人猿具有文化机制的特征，就不得不得出以下结论，即集体侵犯行为的作用和反作用行为准则还是基因决定的。

尤其值得提醒的是，人类，尤其是青年和激情萌发的人们，应做好迎战危险的准备，这种危险来自于自身的反应机制和其挑逗者的算计。那些天生的、可以为某些价值观所鼓动的人类基本能力会变得极度危险，但也并不意味着，它

---

① 此处应结合另一德国谚语理解：给魔鬼一根手指，他就会要你整只手。比喻得寸进尺。——译者注

② 珍妮·古道尔（1934~），英国动物学家，在世界上拥有极高的声誉，她20多岁的时候就来到了非洲的原始森林，为了观察黑猩猩，她度过了38年的野外生涯，之后她又奔走于世界各地，呼吁人们保护野生动物，保护地球的环境。——编者注

们就一定是不可或缺的。如在价值感知章节所探讨的，当本能决定的行为规范不作为整个机体的引擎起作用时，人类理性、理智的整个机器就缺少任何有活力的推进力。行为程序仅在极端情况下完全"关闭"；同样少见的是，恩斯特·迈尔（Ernst Mayr）[①]意义上的"开放的程序"，即那些几乎只是习得行为决定的程序。任何热情都是以主观体验、表达运动、抑制或放弃所有其他价值感知为特征的，而热情的对象通常通过后天获得。一旦出现上述关键性刺激情境，集体侵犯性热情就会出现，或以一种抽象的理想形式，或以一种完全具体的形式，如足球俱乐部。

我们知道另外一种客体选择过程，是通过一个非常复杂的，且自我封闭的行为程序被固定在某一个对象上，即所谓的铭印[②]。在大多数情况下，它在规范社会行为方式方面的作用表现在其正确的对象上，即其同类上。这种客体印象的一个标志是它的不可撤回性。正是这种特性引发研究者对下列独特过程的关注：很多家养动物被证明不能繁育，因为它们的所有性行为都不可逆地指向人类。热情的对象固定表现出

[①] 恩斯特·迈尔（1904~2005），德裔美籍生物学家，推动了进化综合理论的发展。——编者注

[②] 铭印，在行为生物学中指的是一种不可逆的学习模式：通常在一段比较短的，由基因决定的时期里（敏感时期），环境的刺激会长久地植入个体的行为中，后来看来就好像先天习得的一样。本能理论认为，铭印是通过学习，而掌握了钥匙刺激而形成的现象。铭印一个著名的例子就是狼孩。——译者注

一定的，与印象类似的特点，如前所述，人类存在一个个性发展阶段，特别倾向于接受新的、放弃父辈传统的价值观。这种价值形成过程具有与铭印一定的相似性。然而，可以推测，这是一个难以准确界定的敏感期，而且对象的选择也不是不可撤回的。那些在敏感期找到值得投入全部人生的理想的年轻人是幸运的。

灌输

所有时代的蛊惑者都明白一个事实，人类最忠实于其青年时期树立的梦想。他们过去和现在都知道如何制造和利用上述关键刺激。

人们必须与深受某种教义影响的青少年讨论过，才能为他们描绘一幅正确的肖像，了解他们过去的冲动以及对所有其他价值的否定是何等无所顾忌和封闭，"女人关我什么事，孩子关我什么事……"根本不足以概括这些冲动者漠不关心的事情的全部。最令人匪夷所思的事实是，这种对教义毫无保留的奉献给被灌输者带来个性自由的、完美的和显然彻底的幸福感。被捕获者完全接受灌输者给予的理想；他感觉不到身上紧身衣的存在。被灌输者完全意识不到，他已经丧失了真正人格所具有的结构性特征，即思想的自由。他那种绝对信任的表情，给试图改变他的谈话者带来的首先是愤怒，而非同情，然而，被灌输者是本应获得同情的。

在美国，我第一次意识并观察到表达运动的相应综合征：我认识一个学生，他是所谓的"复兴运动者"，也就是一种思潮的追随者。他们致力于复兴基督教，并使之具有活力。那时，我就熟知进化论，以为可以和这位青年就创世论问题进行探讨，讨论过程中，我才第一次认识到"灌输"的顽固性。在有些国家的宣传海报上，这种灌输性的激励语言的表达方式清晰可见。

另一次蛊惑激励表达综合征的经历来自于我在1944至1948年在前苏联战俘营的生活。在那里的经历使我回想起1922年在纽约认识的那位年轻复兴运动者的生动画面：一个被教义真正激励的人认为重塑信念是他的义务。许多我在前苏联行医时接触较多的年轻军人和医生试图让我转变信仰。如果他们中的某位开始变得友好，对战俘收起僵硬的、不理睬的姿态，我马上就知道，很快就会发生转变信仰的尝试。这时，他们通常都会说，肩负使命的苏联人民是最早进入文明和友善的。在很多情况下，我"无心"向他承认，他的教义对我是多么的不可接受。

然而，在前苏联方面对我的这些传教尝试中，我清楚了一点，这就如同我对那位年轻复兴运动者进行的改变信仰的尝试一样。事实正是这样，福利最好、心肠最好、最有

教养的人对传教的蛊惑者特别没有设防。阻碍他们的首先是
一种实际的美德，即忠诚，甚至是在完全看清其无价值的情
况下，也无法从教义中脱身。如果我们看到了这种忠诚的悲
哀，就会意识到自己的责任——要保护青少年勿入形形色色
的说教歧途。

第九章　人类精神的歧途

被高估的意愿与神经官能症

　　在上一章中，我们讨论了行为准则，无论是由基因还是传统决定的，它们本身是完全有意义和健康向上的，只因群体人数增加、财产数量增加以及可支配能量激增等条件变化，才使得上述准则不再合适，从而导致错误结果。如果人类行为自身变得"疯狂"，就是本质不同的另外一回事了。当今文明中频繁出现的神经官能症，以及对很多事物真实性和重要性的判断错误，必将带来恶果。人类，无论团体还是个体，所追求的恰恰是对自己有害的。这两种现象的明显界限当然是不存在的。

　　神经官能症可以很好地定义为一种过程，在此过程中，某些想法累积增强，直至它们渐渐掌控一个人的全部，并最终抑制了其他所有动机。请不要在此误认为我会把所有要讨论的障碍因素都通过拟制冲突来解释。我们给出的人类精神的定义是一种集体的现象，是人类通过其抽象思维和句法语言而获得的那些共同的知识、能力和愿望。在此，我理解的"精神疾病"专指人类的集体精神疾病，我称其为传染性神经官能症。

依照上述广义的定义，几乎所有在当代西方文明中蔓延的神经官能症都有共性，就是它们恰恰不幸地压抑了那些我们所看重的、构成真正人性的特征和能力。一个典型神经官能症的例子就是守财奴，该病会逐渐"吞食"病患的其他人格，致使其不再对其他任何事物感兴趣。当然，占有欲的行为准则通常情况下也是存在的，然而，它们是否建立在基因基础之上，是值得怀疑的。在我们的文化中，一定存在一些竞争动机和占有欲之间的正反馈；除此之外，对财富的占用似乎也有促使继续聚敛财富的正反馈作用。上述现象中的病源表现在控制力上，它施加于病人身上，使他比为最残酷的奴隶主工作还要痛苦。

人们超越同伴的驱动力同样会导致特定意愿被高置，它压迫着许多生活在我们今天这个时代的人们。不惜一切代价追求"事业有成"是我们这个"效益社会"的显著特点。

最糟糕的人类竞赛表现在金融领域，"时间就是金钱"是一个真实，但极其令人遗憾的口号。

第三种动机是人类天生的对等级观念的追求，这在有关竞争的章节中已论及，它与日渐上瘾的获取金钱及在竞赛中胜出的驱动力共同发挥作用。以上这三种动机构成了一个恶性循环，人类越来越快地被卷入其中，而且很难从中找到出路。

唯科学主义的理论和实际影响

本书的第二部分我们就探讨了唯科学主义或本体论还原主义否定一切主观体验具有真实性的观点；在此，我们讨论有关人类集体精神疾病时，有一个问题就变得非常重要，即他们这种观点彻底抹杀了简单与复杂生命系统之间的价值差别，德日进就准确地看到了这一点。由此而产生的伤害，我想通过一个简单的例子说明一下。生命过程充满化学物理过程的说法是完全正确的。还能是其他别的什么吗？至少对那些学者来说是这样的，他们绝对拒绝相信奇迹。与此相反，下面的说法显然是错误的，即"生命过程实际上仅是一系列化学物理过程"。就从这个观点出发，正是因为存在对生命过程重要的、独有的化学物理过程，才使它区别于其他化学物理过程。如果我把另外两句话相互作对比，就会把价值区别拉得更大，使本体论还原主义的错误影响显得更为清楚。

"人类是灵长类的哺乳动物"这一表述显然是正确的，而人类"事实上仅是灵长类的哺乳动物"的表述似乎就是错误的了。朱利安·赫胥黎就称这种错误为"就是这么回事，没什么特别的"（nothing-else-buttery）。

科学家不应放弃幻想，应不受当前公共舆论的影响。控制当今世界的、危险的时代精神产生于现实意识的错位，这打动了大多数西方文明者。托马斯·卢克曼（Thomas Luckmann）[1]和皮特·伯格（Peter Berger）[2]在他们的书中谈及现实性的社会构建问题时就指出，在自己成长环境中那些曾经与自己日常互动的、重要和真实的东西才是影响最深的，而且首先是真实的。大多数文明人今天都生活，至少工作在城市里，每天几乎只和没有生命的、主要是人类创造的东西打交道，并学着与它们相处。人们已经不知如何与生命体相处，无论在哪里，当人们接触到它们时，都会以一种绝对短视的方式对待它们，并且摧毁它，即自身赖以生存的环境。因为，他们每天所要面对的一切并认为是真的东西都是人造的，所以，他们会认为一切都是可以再造的；而那些活物，一旦被

---

[1]　托马斯·卢克曼（1927~），当代德国著名社会学家，其代表著作包括《现实的社会构造》、《无形的宗教》、《生活世界的构造》等。——译者注

[2]　皮特·伯格（1944~），奥裔美国社会学家，现象社会学主要代表人物之一，新保守主义的代言人之一，与卢克曼同为舒茨的学生，两人私交甚笃并长期合作，共同创作了《现实的社会构建》一书。其主要研究领域是宗教社会学和关于经济发展的社会学理论。——译者注

消灭就不能复生，这点人们也许从未意识到或被拟制。这种一切皆可造的误解，被一种巨大的，来自精确自然科学认识的力量强化，这些科学又在分析数学的基础上被验证，并且可以为那些不相信它们的人事先提供其正确性的验证。

现实中，这些认识论的误区有着无法治愈的恶果，它反过来又"加剧了"这些疯狂想法的传播。这种现代城市人所陷入的真实性错位，即人们只跟没生命的、人造的东西打交道，急速地动摇着人们本应为了人类福祉承担责任的支配地位。真实是什么，会对什么产生影响，又受到什么样的反作用，总是惦记的东西是什么？是影响力和金钱。金钱非常容易量化，用它可以计量，货币可以被操纵。不足为奇，生态学家被称为"怀旧的梦想家"，如果他们对世人提出警告，也许会说，白花花的银子和金灿灿的金子都不过是些象征符号，真正对生命必不可少的是洁净的空气和未被污染的水源，很快，用世界上所有的金钱就不能再买来这些。

除了对其他当今流行性的神经官能症有影响，真实性偏离还对当今的世界经济产生影响，对科学思维产生影响。每个科学家，即便是最伟大的科学家，也是他们那个时代的孩子，而且必须是，否则，他根本不可能理解所在的世界。然而，对自然科学来讲，要驳倒本体论还原主义的权威却是一项非常艰巨的任务。

第四部分

人类现状

第十章　技术至上体系

原则上的乐观主义

简单地说，人类精神成就把人类引向绝境。但我们也不同意奥斯瓦尔德·施本格勒的观点，认为人类文化的命运已被定格。相反，读过卡尔·波普尔著作的人则坚信，每一种预测未来的尝试从逻辑上来讲都是不可能的。人类社会制度无疑是我们这个星球上最复杂的系统，有关它的疾病问题我们也会在本书中进行探讨。书中我会竭力按照一定的顺序编排章节，使在第二部分讨论过的、由人类精神障碍引发的社会疾病更易于理解。我们将当今主流社会制度比作"技术至上体系"，之所以这样，是因为技术日渐成为人类的暴君，威胁着人类。一种本应为实现目标的手段和行动，却变成了目标本身。那些以技术为背景的学科价值被高估，而低估所有其他学科价值。唯科学主义（详见第三章）及其所有危险影响与技术至上论互为因果关系。

技术至上体系的复杂性使精确洞察其相互作用机制的细节变得基本不可能。因此，我们必须从一开始就清楚，人类精神创造了一个系统，以人类自身的复杂程度已无法去洞悉该系统的复杂性。进而，还有必要对那些威胁系统发展的干扰因素进行描述，尽管没有对其十全十美的洞察，人们也能够找到产生问题的原因并采取有效的应对措施。虽没有对社会制度透彻详尽的理解，青年人也会开始确信，人口数量和经济的爆发式增长一定会引发灾难，继续升级的劳动分工和组织过度的存在会导致人类精神贫瘠和基本人权丧失的风险。

系统的稳定机制

现行制度体系确保了经济和技术的发展，这些过程是很难或者根本不可逆的，人类这一物种遭受消亡的威胁，这种危险我是在《文明人类的八大罪孽》一书中提出来的。这里讨论的其他危险，虽与上述危险有关，但与人类的消亡无关，而与人性的退化有关。绝对存在这样的可能性，即人类因中毒、人口膨胀以及放射性等诸如此类威胁面临灭亡，然而，人类又因国家实体的存在，使得这种发展被迫进入减速的慢车道。

商业企业变得越大就越稳定，完全可以想象，各国大型康采恩都向拥有主导世界力量的方向整合。卡尔·波普尔令人信服地指出，这个开放的社会因此而消亡，亦即人类继续存在所依赖的生存条件崩塌。一个封闭的社会按照定义是非人性化的，赫胥黎在他的《美丽新世界》和《重访美丽新世界》书中曾描绘过未来文化的恐怖图景：在那个世界里，容纳巨大人群的严密组织，以强迫的、直至最细微的方式强行规定了劳动分工，在一个建立在整个人类"科学"信息的巨大宝藏基础之上的组织中，人类个体仅针对性地熟悉整个知识中极其微小的部分。然而，每个人的感觉是幸福和满意的，因为他们从摇篮时期开始就接受成熟的灌输，精神病药物也使他们的满意成为可能。

像赫胥黎令人恐怖的描述一样，统治机构借助于其教条体系在长期存在过程中已形成的一些机制，能对所有异端施压。所有人类忠诚、诚信和热情的情绪均有针对性地被激励和疏导，并为异类贴上愚蠢、不善和背信弃义的标签或诠释他们是疯狂的。这样的体系变得越庞大，相信他们章程的人群聚集得就越多，其诱导效果就越强，这种被T·库恩命名为"自我免疫"的现象表现得就越有效。有警示作用的事实是，自我免疫的表现形式也已在科学观点的形成方面有所显现。诚然，这是一个"科学大众化"的结果：有许多人，不愿意认识新的思想，这种科学观点的自我免疫会导致自然科学认识的绝对枯竭。

人们可以把这描述成一种可怕的幸运，即人类以其今天平均水平的遗传基因已经不能承受完全被纳入技术至上的社会制度。与艾里克·弗洛姆一样，我们认为，只有具有迥异秉性的人，才能面对当今文明生活压力所带来的严重心理问题。

大多数生活在今天的人们对基因的快速改变采取一定的抵制态度，但这并不等于可以预言，人类今天的这个 "基因池"，不管它有多大，面对选择压力还能维持很长时间，这种压力以最尖锐的方式支持向不挑剔的服从和可教化性的转变。可引以为鉴的是，人类在一个相对较短的历史跨度内几乎完全地 "驯化剔除" 了其家畜对独立性和活动自由的渴望。

废除选择

进化的创新要素，尤其是自然选择与变异，创造了人类精神，然而，人类精神又让选择的作用失效，人类几乎屏蔽了所有外界的不利影响，如野兽、气候以及传染病等的侵扰。人类处在世界万物的顶端：要么站着，要么倒下！他站立状态的脆弱性可以作为其不稳定处境的真实象征！

正如我在第五章中试图指出的那样，许多人类先天和传统的行为规范在历史上的昨天"尚能"很好地适应社会和经济行为的程式，今天却在为人性的衰落雪上加霜。如前所述，文化的改变如此之快，以至于不能奢望系统发生与之相应地建立起一种新的关系。

然而，选择的创新作用还远不止进一步坠落，它甚至走向了反面。今天依然起作用的选择在导向堕落，要通过文化发展来抵制基因"复杂性降低"（详见第二章），希望看似渺茫。但我们有充足的理由假设，文化的高度发展无异于种系发育，主要取决于广泛的交互作用，而正是发生在不同文化之间相互作用的关系构成了创造性"向前"发展的先决条件。

控制着当今世界的技术至上体系准备抹平所有文化的差异性。地球上所有民族，所谓欠发达民族例外，都在用同样的技术生产同样的产品，用同样的拖拉机耕种单一种植的耕地，以及用同样的武器克敌制胜。尤其他们在同一个世界市场上竞争并竭尽所能凭借相同的宣传手段超过彼此。与有效创新相关的、本质上的差异性越来越趋近于零，正如W·O·屈佩尔斯[1]所言，文化价值的衰落意味着自然多样性

---

[1]　W·O·屈佩尔斯，W. O. Kueppers，生卒年代不详。——译者注

的消亡。

　　经济学中存在令人诅咒的误区，即自由市场经济的"自然选择"允许被肯定地看成是创新的保佑神，就像物种变迁的保佑神一样。经济活动领域内的选择标准仅仅是那些迅速获得权力收益的标准。根据屈佩尔斯的观点，经济学意义上的价值观具有突出的规范性特点，因而自动丧失了它在时间范畴的普适性。正如我在第三章有关文化进化的段落所试图揭示的那样，过度保守会产生"活着的化石"；相反，过度的改变，会产生生命力不足的怪物。这不仅适用于种族史的发展，也同样适用于文化发展。

　　技术操控的文化的过快发展常常导致向短期利益决定一切的方向发展，且无法返回。在技术文明中的许多过程是含正反馈的封闭环路，它们一旦启动就难以终止，经济增长以及通过宣传带来的消费者需求的增加都是例证。最极端的例子是对核能的利用：核电厂的寿命最高仅20至30年，然而，核废料因半衰期大约两万年后仍同样具有放射性。因为，所有核电厂都需要也必须出售所生产的能源，这势必迅速诱导一个相关工业的产生，而这些工业在刚谈及的20至30年之后，又将产生再建新的核电厂的需求。这类不可逆发展的危险性从未被其责任人提及。经济技术活动议程被一些人以缺少远见和不负责任的决策确定下来，他们不仅没有生态概念，而且漠视生物界的价值。今天，大多数人却只能被动地反抗，以阻止系统发生继续走下坡路，这点在第二章中已论及。

我们这个星球唯一合法的"获取"是太阳辐射，所有的经济增长，只要其消耗超过太阳所能辐射给我们的能量，世界经济就陷入负债，而且要面对一个完全没心的、绝不迁就的债权人。由马萨诸塞州技术研究所提供的所谓梅多斯报告，探讨的正是这个问题；然而，在维也纳最近一期的"能源经济会议"上有人宣称，核能反对者的行为"主要出自情感原因"。我不得不承认，面对这样的说法我真的动了感情。

伪民主学说

维护技术至上体系稳定的要素之一就是认为所有人绝对平等的教条学说。换句话说，这种误信认为，人生来即"白板"，亦即，他的整个人格个性都是在一生中通过学习过程确立的。很遗憾，至今仍有很多人带着一种宗教的狂热坚持这样的观点，这个教条学说源自对托马斯·杰斐逊主笔的美国《独立宣言》中一句名言的曲解，菲利普·威利[1]在他的

---

[1]　菲利普·威利，Philip Wylie，1902~1971。——译者注

《神奇的动物》一书中也这么认为，即"……所有人生来平等。"这句话是为了解放黑人奴隶，并且为给有色人种创造与白人一样的权利而写的，显然，遗憾的是这个至今也没有完全做到。相反，这句话的如下双重逻辑曲解却非常有影响：第一种错误的演绎是，所有人都拥有理想的发展环境，发展成理想的自我。从这个错误结论出发，继续逻辑"三连翻"，进而认为所有人生来无异。我们知道，J·B·华生[1]就误入迷途并声称，他能够将每一个健康的新生儿通过教育"按照订单"打造成小提琴演奏家、数学家或者金融巨头。该假设的错误之处在于，它认为人类中枢神经系统没有基因确定的程序存在，而且，所有人类行为的个性差异都能够解释为个人经历的不同，并仅限于此。B·F·斯金纳[2]"空洞的有机体"理论也肯定了这个说法。

撇开人类通过"环境"习得不谈，认为人类没有固有社会行为规范的假设会自动导致如下后果，即人的所有错误和犯罪行为都可以归咎于罪犯所受到的教育。这样，个体的人就由此摆脱了所有道德责任；剥离责任的同时，他的人权也被剥夺，这往往被忽视。

相信人具有无限可塑性自然为所有那些人所乐见，也就

---

[1] J·B·华生，J. B. Watson, 1878~1958。——译者注
[2] B·F·斯金纳，B. F. Skinner, 1904~1990。——译者注

是那些可从中获益的人。如果人类不具有先天技能和能力，那么他们正好可以被无限操纵。这就解释了，为什么伪民主学说会被大工业游说成国教。伪民主学说至今在公众舆论和心理学领域都有深远影响，非常肯定，这与人口数量和由此而成为必需的文明人类的组织过度有关，在其中个体差异不能得到足够的重视。如果承认人有智商高低或忠诚与否之说，就违反了"机会平等"的要求，可是人人都知道，人有愚钝和聪颖、诚实和不诚实之分。无可争辩的是，除了同卵双胞胎，不可能有两个基因编程完全一样的人。菲利普·威利说得对，正视这个事实，在今天有些地方会变得同样危险，就像在中世纪坚持地球围绕太阳轨道旋转而不是相反的观点一样。

以住院性障害[①]为例

如前所述，以唯科学主义的、技术至上论逻辑思考着的人类已经不会和有生命的世界打交道了。几十年前，他们甚至就是这样对待自己后代的。如果人们把所有和感觉有关的都看成幻想，并追求一种没有灵魂的心理学，他们就一定不会对一个被独置于漆黑卧室里、绝望地哭救的婴儿表示同情。曾有一段

---

① 住院性障害指由于长期住院所产生的身心损害。——译者注

时间，这被认为是开明的，让孩子去哭，并且应当按点而不是按照他们的各自需求去喂养他们。这首先是个观念问题，即小孩子必须习惯独自在房间睡觉。如果他们是日间活动的动物，当它们还是哺育中具有依赖性的幼仔时，即脱离其家庭独处黑暗，它们几乎必死无疑。这是一个完全有长远意义的训练，无论幼鹅还是人类婴孩，让其处在类似的场合，他们必定会调动所有神经和肌肉能量，发出求救的呼喊。

这种唯科学主义、技术至上观念表现在对待儿童方面的"开明"和"理性"，在育儿所和育儿医院里会产生令人担忧的后果。长期以来的主流观点认为，若能定时按量为其提供营养和维生素，并确保足够的卫生条件的话，满足孩子的所有需求就足够了。在这个过程中，什么东西被忽视了，当时人们还不清楚。在人类社会行为的个体发育中一个非常固定编程的阶段：婴儿在5至8个月大的时候，形成一种识别个体人的能力，并同时建立与特定个体之间的联系，在自然情况下，这当然是与母亲。用聪明女性的话说就是："孩子开始认生了。"他以前是冲着婴儿床边弯着腰的、笑盈盈的和友好端详着他的脸微笑，从这时起，他的微笑会为某张特定的脸绽放。勒内·斯皮茨[1]曾对微笑的发展以及引发微笑的

---

① 勒内·斯皮茨，René Spitz, 1887~1974。——译者注

关键刺激进行过详尽的研究，他首次对其天生触发机制的本质进行探讨并总结出所谓的刺激、累积、规则，因此赢得了声誉，尽管后者起初只是体现在字里行间。即便非常小的婴孩，也会对小床边的、画有眼睛和眉毛的、并且冲他点着头的气球微笑；当在气球上再添一张乐呵呵傻笑着的嘴时，他的反应会变得强烈。勒内·斯皮茨早先也不明白，为什么他本人的微笑和点头不如他有着深色头发的助理对婴儿的刺激强烈。于是，他就对着镜子点头，并从婴儿的角度观察，后来他发现，他的助理点头时，镜中画面的颜色在粉红色和深棕色之间变换，而他在镜中由于秃顶色彩却没有变化，只是粉红色。当他给自己换上一顶深色的帽子时，两者对婴儿刺激效果的差异就消失了。

数周之后，拙劣骗术式的微笑便不再奏效，取而代之的必须是真正的人脸，不仅要点头，而且要有笑容。婴儿"怯生生"反应变得有选择性，即与某个特定的个体有关。接下来的阶段对婴孩整个的后续发展极其关键：他开始将自己的情感寄托于某一个人，而拒绝其他所有人。这个关键阶段如果发生在育儿所中，婴儿会开始把某个护士当成母亲并与之建立联系，而这种萌芽状态的关系却因护理人员的日常换班被摧毁。这个不幸的宝宝只能怯生生地尝试结交下一个替代母亲；如果连这个也被夺走的话，他与再下一个的联系就更弱；最终，他会放弃建立与母亲角色的联系。从此，他便拒绝来自所有同类的刺激，将自己的脸转向墙角，其中有些孩子就会变得自闭或走向死亡。

这种与特定的、个体的母亲形象的联系会直接影响其总的在社会生活中与其他人建立关系的能力。感受人间之爱的能力显然是人类大量神经组织活动之一，它们一旦发育成熟，就必须立刻给予回应，否则，就会陷入弃用性萎缩，很难修复，或在极端情况下，根本没有机会被修复。

正如奥地利儿童心理学家G·切尔文卡·文肯施特滕[①]所发现的那样，爱及友爱能力的发展很奇怪地与探索行为、好奇心密切相关。在这方面受过伤害的青年人，面部表情索然、呆滞，这是其典型的"病理"症状，是一种显然很难或不可治愈的症状。如果有人对"什么都不好奇"，那他一定不可避免地生活在无聊当中。

然而，这种状态极其危险，因为与他人的友情和对人类的爱原则上对侵犯性行为有抑制作用，这种个体间的相熟可遏制侵犯性行为的发生，这在进化水平较高的鱼类中已经得到印证。

值得研究的是，那些明显没有侵犯性抑制的暴力犯罪

[①] G·切尔文卡·文肯施特滕, G. Czerenka-Wenkstetten, 生卒年代不详。——译者注

者，如恐怖分子，他们在婴儿期，尤其是"认生期"，是怎样发展的。下面所述只是一个假设，而绝非有依据，即侵略性行为总体得到增强，换句话说，就是当取消了对同类干坏事的遏制因素，这与人在婴幼儿期的敏感阶段中人与人之间关系形成发生障碍密切相关。

如果我的假设成立，那么，住院性障害就是现代社会"去意义化"的重要因素之一，哪怕两者只有轻微程度的关联。

真实意识的偏离

真实意识的偏离不仅与技术至上的观念紧密相连，而且还是技术至上体系的稳定支柱之一。如前所述，皮特·贝格和托马斯·卢克曼指出，每个人都自然而然地认为这些都是真实的，即那些他自己最常做的，彼此产生相互影响的和自己总是思考着的事情。奇怪的是，直到很晚，在最近一段时间里，才有越来越多的自然科学家出现，他们以医学的眼光认识到危险，一种威胁到地球上生命的危险。我颇怀羞愧之心地忆起约20年前曾听过威廉·福格特[1]的一个报告，当时，对他有理有据的警告根本没怎么当回事儿。那时，对我来说，某些鸟类的社会行为方式远比人类环境遭受威胁真实得

---

[1] 威廉·福格特，William Vogt，1902~1968。——编者注

多。所有投身于事业的人，尤其是所有追求自我设定目标的人，都会将实现这些目标当成是最真实的事，当然也是这个世界上最重要的事。一位大企业主，当他为了公司的建立和发展忘我献身和追求理想时，自然只会认为上述这些才是唯一"有趣的"和真实的事。所有那些本书第五章中提到的人类嗜好，如钟爱制度、增长喜悦及功能控等，又强化了他在这方面的观念。除此之外，唯科学主义和行为主义的世界观也起到了推波助澜的作用。对他来说，能从数量上得到证实的就是正确和真实的，获取金钱利润就最好地满足了所有上述需求。

所有这些要素共同起作用，让人类在金融和生产组织中看到了世界上最高的价值存在，使生产设备以尽可能高的周期运转并获取最大利润。

前面已经提到，功能控可以导致实现目标的手段升级为自我目的，人类遂沦为生产机器的奴隶，这样，就形成了经济增长的恶性循环，人类被卷入到这个湍流中。

操控我们这个地球的工业代表们似乎倾其才智，坚信其主观价值的真实性，他们对以下两个连学龄儿童都理解的、不容置疑的事实都视而不见：第一，在有限的空间里去实现无限的增长是不可持续的；第二，没有任何经济单元可以支出大于收入。对当代社会制度负责任的那些人是完全有能力理解这个事实的；他们愿意付出代价，让自己的子孙陷入恐怖的衰落，这并不意味着他们就那么不道德；他们不相信那些危及人类的、危险的真实性，因为对他们来讲，其他事情才是真实，因而才是重要的。

这种广为传播的信念的悖论在于，所有阶层的代表似乎都忽视了一个问题，金钱和金子都仅是符号，这在前面章节已提到，人们也许用很多钱却什么也买不到，如果这种东西不再存在了的话：人只能吃那些绿色植物通过光合作用合成的东西，这他们不愿意相信。两则奥地利谚语就准确地表达了这个被半个世界忽略的事："金子做的面疙瘩汤不能吃"和"哪里没有吃的，皇帝就会丧失权力"。然而，非常荒谬的是，恰巧是这些自诩为清醒的现实主义者和优秀经济学家的人，却将生态环保者看成是"怀旧的梦想家"。

不受欢迎的"自主"人

技术至上体系的要求是普通人所无法满足的。人类具有与生俱来的行为体系，即人权，压抑人权会导致严重的心灵困扰。在此，我试图简明扼要地阐释技术至上体系及其形成的方式与结构，该体系会产生不以人的意志为转移的影响，使人的某些结构性特征和能力不仅变得没必要，而且在很大程度上受到干扰。例如，在集权式的教育体制内，个体结交私人朋友的可能性会受到压制。至少，对朋友的爱不能高于对体制的爱。

本书所探讨的人性的退化不仅局限于集权主义体制，即便是一个自诩为民主的社会结构，当社会组织的成员数超过一定数量时，随着组织规模的增大，其集权主义特征就越明显，这是不可避免的。控制这个过程的法则是技术至上法则，而不是政治理想。不论在民主制度下，还是在专制体制中，对越来越多人的控制权都集中于越来越少的占有权位的人手中。有人计算过，俄国沙皇手下掌握着全沙俄权力的贵族数量与今天美国核心政治说客的数量基本相同，也可能与前苏联的所谓权贵阶层的人数相当，这个数字占其总臣民数量的百分之二到四。

撇开治国理念不谈，在今天所有的政治体制中，都存在一种人类个体的个性被忽视的趋势。国家越是庞大，个人的独立思维和决策就越是不受欢迎。人们知道，小国与超级大国相比，有更好的实现民主的可能性。追随某一特定意识形态的人群越大，其相关教义的诱惑力就越强，它进而会赢得更大的权力。被统治的人的数量越大，受到层叠组织机构的束缚就必然越大，因而，这个国家离民主理想就越远。赫胥黎说得很明确，个人的自由与国家的大小成反比，如果他是臣民的话。

在大国构架下，即便是其政治观点取向完全对立，都会发生与其体制相应的、各种形式的个性贬值，其在本质上极其相似。

坚持个性和人权的、自主的人在大国里是不受欢迎的，不仅当权者，而且公共舆论也不喜欢。这里被规定得非常清楚，"人"可以做什么，不可以做什么；谁特立独行，至少会被视为是可疑的或不正常的。

调治方法

每种教义的感召力随其所统治的人的数量而增加，因而，其相应社会制度的稳定性也遗憾地随其臣民数量的增加而增强。然而，大国的掌权者绝不会就此止步，而是竭力使用不同的调治方法。以前保留下来的调治方法是惩罚或奖励，公开承认其集权特征的体制，不会羞于以严格惩戒的方法治理其所不期望的行为。其国民持续地生活在恐惧中，但奇怪的是，他们又同时为其暴君而欢欣鼓舞，很遗憾，人就是这样被创造的。乔治·奥威尔[1]在《动物农场》一书中十分到位且令人毛骨悚然地为我们描绘了集权恐怖统治的讽刺画面，他展开故事的方式同样令人震惊并有说服力，他让人们

---

[1]　乔治·奥威尔，George Orwell，1903~1950。——译者注

看到，大多数人在那样的政权下面是如何仅因害怕而臣服，以及，只有那些最单纯的人会成为暴君的忠实信徒并为其理想而陶醉。这里描述的类似于法西斯式的国家制度，如苏联，尤其是在其前期实践中。但在苏联，通过奖励的调治方法慢慢地越来越受到青睐，像在其他大国中一样。奖励和惩罚这两种调治方法的根本区别在于其造就反对者的类型上，他们中每个人都可能成为反对者。皮鞭下的统治恰好会造就英雄式的反对者。资本主义的大众统治是通过奖励和渐渐地放纵形成的，因而不能造就英雄。

哲学上的人类之友早就看到，采用放纵的调治方法具有在最真实的意义上去人性化后果。凡斯·帕克德[1]数十年前就在《隐藏的说服者》一书中令人信服地说明，大的生产厂商是如何让其潜在消费者个人首先感觉舒服，进而购买其产品的。每一款这样的新产品与旧的、占统治地位的产品相比都让人类的生活更舒服些。如今，我们生活在一个"汽车专制"的时代，也就是说，一个汽车厂商的暴政时代。在这个运动假肢身上，可以看到一系列上述对我们这代人有危险的现象：功能欲、等级追求和把手段与目的混淆等。汽车生产商以不断增加的"驾驶舒适性"诱导消费者；行驶的愉悦

---

[1] 凡斯·帕克德，Vance Packard，1914~1996。——译者注

又诱使其总是购买新的车型。如果鼓动一位中产阶层的、上了些年纪的人，用他现有的车型去置换上一款或上上一款车型，他一定会感觉尴尬，这就像陷入"从丝绸到秸秆"的境地，他是多么快地习惯了辅助制动和辅助转向，又如此快地基本忘记了在点火时瞬间给油的操作，换言之，生产厂商是怎样巧妙地使消费者总是依赖新的技术发明。我还没有碰到过这种情形，即某款车的新车型比前一款更慢。

养成"从秸秆到丝绸"的习惯比倒过来要快很多倍。今天，我们几乎不再能想象，近一个世纪前的人类生活有多么的不惬意。我生活的时间已足够长，可以清楚地回忆起很多往事：当时生活富足的人家，是如何每天都在家里清洗着不计其数的煤油灯，以及在每一个冬日里，家家必须点着取暖用的火炉时的情境。今天，住在配有暖气、照明和洗漱条件的房间的人可能并不以为然，即便是有人帮着做家务事，而这也许是歌德的枢密大臣或魏玛公爵夫人安娜·阿玛莉雅[1]才可以享用的。

自古以来，人们就知道，如果人过得"过于舒适"是危险的，即他在所有的自然追求中，都过于成功地获得快乐并避开了痛苦。我们都学会了如何避开痛苦，技术和药理学

----

[1] 安娜·阿玛莉雅，Anna Amalia，1739~1807。——译者注

也会帮助我们。我们文明人变得越来越没有能力承受疼痛和痛苦。我们对缺乏快乐的恐惧程度，以及避免这种恐惧的手段，几乎成为恶习。

我在《文明人类的八大罪孽》一书中澄清了，过度规避所有痛苦会对获取快乐和喜悦带来什么样的后果。来自于歌德思想宝库的格言"心酸的岁月，快乐的节日"，就表达出，真正的快乐是无法通过令人煎熬的规避痛苦来实现的。如果不通过艰辛的劳动付出痛苦的诚实代价，充其量可以获得"享受"，而绝非是"欢乐女神，圣洁美丽"。文明人类日益增加的、对痛苦的不可容忍性把自然赋予人生的高潮和低谷变成了无聊的、人为抹平的单调灰色，没有光和影的反差。简而言之，它导致了无聊，因而是很多人旺盛娱乐需求的根源。

如果允许我将自己的生活体验推而广之的话，被"娱乐"这种需求是一种极为不幸灵魂状态的症状。阅读一本侦探小说或打开电视，对我来说只是当我非常累或想以另一种方式放松时的需求，这样我就不去想任何事情。被动地让自己娱乐则正好相反；但游戏却与之不同，它是创造性活动的精髓，没有它，就不存在真正的人性。

第十一章　青年的现状

在本书第三部分，尤其是第八章中谈到的那些过程，导致人类精神的发展使灵魂遭受困扰，这些过程特别加剧了青年人的困境。继承父辈传统的困难、社会压力的增加、密集的过度组织以及与因劳动分工而带来的专门化等，所有这一切共同作用，使青年人生活的喜悦感减少。

危险的临界点

在本书如第一部分（尤其是第三章）我就解释过，在人类社会个体发生的过程中，有一定的"预设"机制存在，其在迄今为止的文化发展条件下，在坚守已获得的结构和退化与重建之间找到一条关乎存亡的、必要的中间道路。

智者本·阿吉巴应当说过，"一切都出现过"，当我对今天青少年的传统沦丧提出警告时，经常遭到反驳，理由是，年长者从未认同过年轻人，而且迄今为止，没有一种文化因两代人之间的冲突而消失过。我曾说过，世界上发生的事绝不会重演。"没有什么是已经出现过"的原则用来形容人类的现状，正如在种族史的各个阶段和历史过程一样。

文化发展得越快，一代人与上一代人之间的差距就变得越来越大。为了能正确地从一代人向下一代传承传统，就有必要让年轻人有能力认同年长者。这种认同首先取决于这两代人之间的亲密联系强度；其次，它受制于变化的程度，即该文化在一代人中的变化。很遗憾，我们真切地看到了不幸的结果，即代际接触和爱在减少。

各种文化都丧失了其大部分独立性。世界各地的民族在着装、礼仪和其他实践中都变得越来越类似了。然而，隔代人之间的文化差距却同时在世界各种文化中迅速加大。今天，到达了危险的临界点：极端不同民族的青年彼此之间的相像超出了他们与其长辈的相像。各时代的青年总是以某种方式（详见第三章）反叛其上一代人，然而，这在今天给人们产生的印象是，这种关系已经达到了一个非常危险的临界点，年轻一代视上一代如敌对民族。

民族仇恨

我们已提到过爱利克·埃里克森的文化伪形态概念，我们也说过，群体的聚合力主要通过共同尊崇其特有的行为规范而奏效。这当然应该是美好的，如果该群体不以蔑视、甚至仇恨其他类似有竞争性的群体为代价的话。我们必须看到这样的事实，世界范围内目前正在形成一种代际情绪化关系，这种关系完全可比喻为两个相邻的巴布亚人部落之间或南美印第安人的相邻部落之间的关系。印第安人和巴布亚人用其部落特有的绘画和饰件装扮自己，今天的年轻人也做着同样的事，却是以一种令人惊讶的、统一方式，而不是其民族特有的。换言之，孩子们对待自己的父母，就像对待陌生族群一样。

与其他因素一样，这种针对另一群体有意识的背离还会被侵犯性激励，这是我通过自我观察才搞明白的。位于奥地利塞维森的比较行为生理学研究所每周召开一次研讨会，该会议以其真正的不拘泥于形式而著称，这个圈子里尽现长发、大胡子、赤脚和身着蓝色牛仔服的青年。一天，我突然注意到，我正装出席这个会议，即西装、衬衫和领带。突然，我明白自己的穿着颇具挑衅性，不无尴尬地换上了自己平日里穿着的服装，A·费斯特提克斯也指出了这种群体特有着装具有攻击性特点（潘诺尼亚的民族服装）。据他称，经典的匈牙利和斯洛伐克民族服装都在其族群孤立的飞地区域①得以留存。

群体选择的敏感期

在第三和第六章中论述过，正处在欲摆脱来自家庭的传统束缚时期的青年很容易受到各种宣传的影响。在这个阶段，他们不仅具有加入一个团体的能力，而且，更有一种强烈的欲望去这样做。如果有归属需求的年轻人找不到一个合适的团体加入，他们就会创建一个，甚至两个自己的团体，带着未深思熟虑的目标，为自己的群体而战，反对其他群体，甚至挑战整个世界。著名电影《西区故事》（West Sicle Story）就给我们描绘了一幅关于这种过程的正确画面。

显然，处在这一敏感年龄段的青年极其容易受到各种宣传手段的关注，对煽动者而言，他们是无所顾忌的人。

去意义化

独立思考着的，且发现问题的年轻人极易对这个世界感到绝望，因为，他们完全正确地观察到其父辈们竞争性的事

---

① 飞地区域，指隶属于某一行政区管辖但不与本区毗连的土地，是一种特殊的人文地理现象。——编者注

业追求，以及片面相信经济增长和景气而走入了死胡同的状况。特别是，当一个年轻人在一个只对物质、金钱感兴趣的工业化城市氛围中长大，如果他在自己获得成就和富裕的父亲身上看不到值得效仿的榜样价值，尤其是当他注意到，这些成功人士艰难地处在心肌梗死边缘，饱受压力困扰，而且还并不幸福时，我们就不应感到奇怪。这个观点的正确性得到大量社会压力研究结果的证实。

同样的，如果年轻人没有从其父辈那里了解民主，甚至连口头知识也没有，他们对民主所知无几也就不足为奇了。他们该从哪儿获得理想呢？还算幸运，他们尚未痴迷于错误的理想，如伪宗教，抑或陷入药物成瘾的境地。但也好不到哪儿去，如果他们像古罗马的平民那样，只是冲着面包和马戏、食物和游戏叫喊，赫胥黎把这译成我们这个世纪的语言就是："给我电视和汉堡包，看在上帝的分上，别用责任和自由的说教烦我。"令人忧虑的是，沉溺于娱乐和在创造性游戏中获得快乐的效果截然相反。这种助长无所事事的、完全被动的心灵状态是对面露倦容的和饱食无语的人的写照。

我们老祖先的生活是由一个又一个的经历构成的，极度痛苦或至少是艰辛过后才有喜悦和享受。人们必须有过一次真正忍受饥饿的煎熬，才能真正正确评价获得丰盛美食给饥饿者所带来的那份欣喜。快乐、痛苦、经济机制的原始作用在于，野生动物借此来权衡某特定行为方式的"代价"和其通过它所得到的收益。为了获取有诱惑力的食物，食肉动物会做一些给它带来痛苦的事，或者做一些没有事后奖赏且会造成功能影响的事。它会穿越布满荆棘的灌木丛，跳入寒冷的水中，置身于平日会给它带来恐惧的危险之中。然而，这种刺激情景可能带来的痛苦必须与获益程度相当。一匹狼不会不顾忌天气的影响，在极端冬季风雪寒夜里去捕猎：它不能承受为得到一餐而付出脚趾被冻僵的代价。只有在极端情况下，如当一只动物行将饥饿至死时，去冒这个险才是值得的，因为动物命悬一线，悬于这份餐食。在《文明人类的八大罪孽》一书中，我对这种生命攸关的能力机制进行过详尽的论述，即采取与"市场状况"相适应的行为机制。

在这种快乐、痛苦、原则的机构上具有两个基本特征，这几乎存在于所有我们知道的复杂感觉神经机制中：第一是普遍存在的习惯过程，第二是惯性。习惯会使得经常出现的刺激情境不起作用；相反，反应惯性会引发系统漂移。引发强烈痛苦的刺激突然停止之后，该系统并不按照衰减曲线回到无刺激状态，而是跑出"目标值"，把这种痛苦终止记录为极大的快乐。我们每个人都体验过，当牙疼终止或仅仅是减弱时那种美妙的感觉。

人在原始条件下生活很艰苦，作为猎人和食肉动物，他几乎总是饥饿的，如果他猎杀一只体型较大的动物让自己饱餐一顿的话，不是罪恶，而是美德。用今天的行为标准来衡量，就算恶习、罪孽。人类生活曾是那样的危险，以至于怯懦是一种美德，类似的，省力工作也被看成懒惰。远古时代，当人类的处境稍微好些了的时候，就有智者清醒地意识到，如果人类在他的追求过程中过于成功，总是获得快乐，避免痛苦，就绝对不可能好。现代科技，尤其是药理学的发展，以前所未有的方式默默地帮助人们消除痛苦。在有关技术至上体系的调治方法一节，我就揭示了，我们是怎样轻易地因放纵，变成现代"舒适性"的奴隶的。

显然，青少年在叛逆期尤其感觉无聊。赫尔穆特·夸尔廷格[1]在其伟大的歌剧《一半强度的歌谣》中贴切地描述了无所事事青少年的那种绝望："我能做什么，我有这么多时间；我能怎样，没有一个朋友"等等，这个悲剧诗歌的高潮是："因为我们感觉无聊"。一个对每个心理医生来讲都熟知的事实是，无聊本身就足以成为自杀的诱因。在有些情况下，因自杀未遂而带来的严重的、持续性损伤会不合逻辑地重振情感生活。一位来自维也纳、经验丰富的盲人教师告诉我，他认识一些年轻人，他们曾带着自杀企图朝自己的太阳

---

① 赫尔穆特·夸尔廷格，Helmut Qualtinger，1928~1986。——译者注

穴开枪，后因视觉交叉神经受伤而变瞎。他们中没人会实施第二次自杀尝试：他们不仅仍然活着，而且奇迹般地找到了平衡，变成了快乐的人。同样的，也有另外一些人，他们在自杀未遂后，造成下肢截瘫，却仍继续生活着。让这些出于无聊而对世界绝望的年轻人重新发现生活的意义，显然是必要的，却也是难以逾越的障碍。教育学家库尔特·哈恩[1]就发现一种方法，给那些对世界绝望的青少年以强烈的暗示，生命原来可以如此有价值：他将他们编成救援小组，在其中，他们通过自己的亲力亲为，并冒着自身相当的危险去营救别人。心理医生海尔姆特·舒尔策[2]独立地创造了一种方法，让病人借此看到生命的价值。他将病人带入所谓的"临界处境"，在其中，让病人有理由担心其生存。目前，这种方法所获得的成功是显著的，但它在多大程度上能持续对抗世界的"去意义化"感觉，还要拭目以待。

　　也许，许多青少年之所以绝望厌世，是因为他们根本还没有见过，有机界是如此的美丽，感受美与和谐是需要训练的。如第十章所述，它们也许属于那些一旦成熟就必须立刻实践的行为方式，否则，就会陷入不可逆转的弃用性萎缩状态。在现代大都市的工业聚集区长大的年轻人，很少有机会

---

[1] 库尔特·哈恩，Kurt Hahn, 1886~1974。——译者注
[2] 海尔姆特·舒尔策，Helmut Schulze，生卒年代不详。——译者注

去认识生物界的美与和谐。另外，他们感觉无聊，因为他们从父母身上看得非常清楚，这不是他们该做的，也许，还会因住院性障害或其他人际关系的障碍而伤及其爱与被爱的能力。如果他变得玩世不恭并否定生命的价值，这还奇怪吗？如果年轻人相信今天的世界没有意义而"离开"，这不仅是情有可原的，而且还是一个必然的逻辑结果。离开者完全清楚一个事实，也是这个世界的当权者和责任人不知道或至少是不愿相信的事实：他看到，权力拥有者的政治、经济行为会导致不幸。人们不应过于责难他对这个社会的背离，当他真的相信，今天的社会制度才是唯一可能的话，那么，这个世界事实上就真的没有意义了。然而，我认为背离者会看到这个错误，我还相信，人们内在的、对自身责任和自由的需求会突然开辟新路径，并使其认真地寻觅一种新的社会形态。

谬误的对立面通常不是真理，而是与之对立的谬误。如果"创建"的代表者执迷于本体论还原主义和技术至上的思维习惯，这就意味着一种完全对立的谬误，使许多当今的年轻人鄙视智慧，转向偏离真实和神秘化的宗教信仰。群体灌输的程度已经达到理性思维的容忍极限。完全可以想象，看似微不足道的见解能使公共舆论转变方向，我乐观地认为，这个转变过程已经开始了。

第十二章　乐观主义的合理性

本书开卷就明确了写作的主要任务，即旨在将人性退化作为复杂病症来理解，进而，探寻病因并提出医治对策。作为有职业素养的医生，我们有道义上的责任，像乐观主义者那样去行动。我们有理由表现出这样的乐观情绪，虽然人类已深陷危难，借其拥有的原子、生物或化学武器可实施自我灭绝，尽管人类已经开始并不断丧失那些对真实人性有重要意义的特性和能力：尽管我们应该能够遏止急速而至的人类自毁，这个不再人性的世界秩序仍然受到威胁。然而，人们也能清晰地看到，一种营救力量已经形成，而且我认为，技术决定论发展的顶点已经达到，上一章中，我已经提到当代青年价值观向健康思维的转变。

已阐明，一个人认为真实的东西，大部分是由他成长过程中的文化传统决定的。这种"真实性的社会建构"（皮特·贝格和托马斯·卢克曼）就与所谓的刻板印象有关，当其后果很难或很多时候根本不可逆时。因此，对下面的事实不要抱太大希望，即当青少年早期就接受了技术至上价值体系时，想让他相信，人类正由于这些价值以不断增加的速度坠入不人道的深渊。这个事实被很多年轻人所认识，持这种观点的、较年长的人的比例不高；抛弃技术至上论的社会价值，并对新价值开放，出于上述提及的原因在年长者中较难实现。

另外，竞争中步步紧逼的客观压力和束缚还遮蔽了人们对未来的展望。我的观点能获得听众认可的希望因而寄托在年轻人身上。

我们应该注意到，对人类陷入危境的认识是全新的。回望我自己的科学思想发展之路，就在不久前，我这样一个按照生物逻辑思考的人，也不曾明白人类所要面临的威胁。前面提到，我根本就不信威廉·福格特关于生态平衡被粗暴破坏的论断；当时的世界对我来说似乎还是大得取之不尽、用之不竭，按奥地利人的说法，威廉·福格特是"扫兴者"。对我产生重大影响的是蕾切尔·卡森[1]的《寂静的春天》一

---

① 蕾切尔·卡森，Rachel Carson，1907~1964。——译者注

书，该书引起我注意并使我致力于反对技术至上论。

像认识经常发生的那样，我对危险的意识源自陡然而至的联想。我突然意识到我所熟知的、典型的人类神经官能症与波及广泛的神经质忙碌症之间的密切关系，这使我茅塞顿开，第七、第八章中所探讨的所有那些过程，如幼稚地相信进步、组织过度、聚集人群等，综合起来形成正的反作用，从而构成严重的恶性循环；人性的沦丧和人类的自我毁灭之间关系事实上是多么紧密。我在"二战"期间行医所获得的关于神经官能症的知识帮助了我，使我从那些构成人性的人类特征和能力的衰减过程中突然看到了疾病症状，这些在我的《文明人类的八大罪孽》一书中有所阐述。

时间过去似乎没多久，我就有这本书今天已经过时的感觉，首先因为我为它所定的调子：一个沙漠中苦行僧的独白。鉴于在这本书之后已有众多作者出版追求类似目标的书籍，这种声音显得格外傲慢，它传递出作者带着他的见解孤寂远行的信息。事实上，认识到人类面临危机的人数增加得很快，我认为，这个数字还会增加，并以一种斜率更大的曲线方式递增。我们只能期望，大多数人认识到人类作为一个物种，尤其是人性所受到的威胁，而非我们滥用这种可能性，去创造一种比我们现在这个社会更人性化的社会制度。

可容乐观的一个原因是，我看到了公众舆论的摇摆。

虽然，相信财富度量带来幸福效应仍然被赋予对人类从未有过的控制力，然而，另外一种认识正开始确立，即在这个权力基础上没有人类的福音。本书第六章就曾提到，越来越多的思想家严肃表态，这样的自然科学可能走错了路。如果那些人道主义者的目标再超越一步，他们就不仅抵制了经济增长和滥用核能，还能为反对技术至上体系这个目标做出至关重要的贡献。如果按上述认识曲线外推，公共舆论根本性转变的希望增大。我误以为现在已经注意到，人们所说的"地下"增长虽未直接切入对危险的认识，却会不可阻挡地围绕它发出攻击。

教育可达到的目标

如前所述，我们转变观念的希望指向青年一代，所以，就需要借助对孩子的教育来抵御源自技术至上社会的不良影响。我们的首要和最迫切的任务应该是防止任何形式的住院性障害发生。人类是否具有其他很多能力，它们在个体发展的某个敏感阶段如果没有得到训练的话，是否也会衰退，这仍然是个问题。正如阿诺德·格伦所言，人"本质上具有文化属性"，他对和谐的接受能力（详见第九章）同样必须适时地被唤醒并加以训练。前面已经讨论过，完形感知，也就是人类感知和谐的感官系统，需要大量信息的"供给"，才能完成任务。教育是生命攸关的一项任务，它给成长中的人提供充足的材料，使他们尽可能地认识美与丑、善与恶以及健康与患病的价值。

对孩子们来说，最好的学校莫过于直接与大自然亲密接触，借此认识世界是有意义的。我很难想象，一个处在普通智力水平的孩子，当他沉浸在一种亲切、信任的人与自然界的关系当中时，也就是生活在与大自然高度和谐的环境中时，会觉得世界没有意义。与什么样的生物互信友善地相处其实并不重要，养一种动物，照顾它并为其安康承担责任，应该是绝大多数孩子们的乐事。方法虽简单，但却能将其对这个世界、自然界之美的赞叹留在人的心里。我想说，孩子从动植物那里获得的愉悦，可以触发他们获得深层次的情感，即对所有生物的爱。"我爱一切活着的"，魏德曼[①]在其小型戏剧《神灵与动物们》中借弥赛亚之口说出这句话。我相信，所有见过和体验过足够多生物种类的人都会这么做。

实际上，当代青年必须非常彻底地认识这个世界的博大与美丽，使其不再质疑当今世界的处境。如果当今青年的行为背离我们所有的常识，或他们中的一些人服用迷魂药物，

---

① 魏德曼，Joseph Viktor Widmann，1842~1911。——译者注

甚至干脆吸毒上瘾，我们可把这当成是逃生意愿的症状去看待，即所谓的逃生主义。这一定是可能的，即让年轻人理解，真实不仅是美丽的，更是充满神秘的，人无须变成神秘主义者就同样能去感受奇迹。

科学作为一种必要的、价值中立的事业，曾一度非常流行。可以理解，科学家被迫觉得自己必须对其研究对象采取没有价值的态度。然而，我觉得这是危险的自欺欺人。所有我认识的生物学家都不可否认地是他们研究对象的情人，就像水族爱好者和水族馆一样。

所有能欣喜感知万物之美的人，都不能容忍对其本质的任何质疑，追问有机界本质的问题本身对他们来说就不可理解，这就好像问一个音乐人，贝多芬第九交响曲的意义何在一样。提这种问题的人，显然未曾感受到这个世界伟大的和谐，而这，对形成完形感知是如此的必不可少。我相信，对发展人类大多数其他认知能力，尤其是完形感知能力而言，幼儿时期的经历是重要的。

讨论宇宙之美是多余的，因为古希腊语"宇宙"一词本身就包含了美。对美的信任要谨防陷入第五章中曾经提到的错误认识，即所谓误信，认为只有那些可以准确定义和量化的东西才是真实的。

前不久，许多哲学家在讨论什么应该是"意义的意义"

的问题。一位在牛津的哲学家写过《意义的意义》一书，它的本意在于健康教育，告诉成长中的人们，把意义丰富的和没有意义的加以区分是非常有意义的。我们拥有翔实的事实材料，在此基础上，人们可以得出正确的结论，什么时候语言符号使用错误，以及什么时候其使用正确。因为，没有人教过孩子和年轻人怎样从错误中辨识真实，从有意义中看到无意义，这可是人类可以做到的！这些在很大程度上对人类思维的自由意义重大、极为重要的问题，却在儿童教育中被忽视，也没有被编入课程教材，这必须遭到谴责。

在这个人口过剩和组织过度的世界中，强权者将继续采用那些原有的和许多新的技术，去操控并把人变成机器。同样，还面临着担忧，他们会不会毫不迟疑地采取非理性说服的手段，如通过经济压力，甚至不惜借助暴力去达到目的。他们产生在一定规模国家，与其政治信仰无关，如果我们想阻止这类暴君，我们就必须立刻开始着手，让我们的孩子对他们操纵灵魂和思想发展行为产生免疫力，这种免疫力只有通过每一个成长中的人学会如何识破宣传伎俩而获得。

对于自身社会中常见的宣传方式，我们已经习惯了，以至于对没有实质内容的承诺和其他机制性的欺骗，都表现出一种可怕的宽容，然而，当我们接触到其他政治专制体制时，立刻就会感到其用以束缚臣民的"紧身衣"。我们自己及我们的"民主"制度也是一样，只是我们很容易忽视所有这一切罢了。我曾赴前民主德国的魏玛参加会议，没有了那些平日司空见惯的灯箱广告倒是格外令人赞叹和欣慰的，然而，当时宣传与前苏联友好关系，以及所有劳动者同属并同样幸福的大幅标语却令人不悦。那次的魏玛之行使我突然明白，原来社会主义的大幅宣传标语和西方的灯箱广告都不过是两个不同政治体制下的、类似的宣传工具罢了。同时，我也开始理解，在反对一种极端的情况下，同时又不陷入另一种极端，是何其之难。

20世纪30年代，一次类似的大型尝试最终夭折。一位名为法林（Filene）的慈善家曾于1937年在美国创建了一个宣传分析研究所，当时，国家社会主义的宣传正传入美国。那里所探讨的不是与理解相应的，而是与感觉相应的宣传问题，另外，该所也有其他一些工作，如向中学生和大学生解释这类宣传广告的本质。战争爆发之后，因盟国政府也无节制地发动"心理战"，要分析这种宣传似乎就显得非常不合适了。在战争爆发之前，该研究所就已经举办过很多活动，其结果与研究所预期相差甚远。例如，一些教育者发现，这种广告方法的分析让身处其中的人令人遗憾地变得玩世不恭。同样不受欢迎的是对高级军事机构中的宣传方法的洞悉；他们担心，新兵会开始分析训练他们的士官的话。教会也反对这种宣传分析，因为这会埋葬信仰，减少去教堂人的数量。广告专业人士也宣称，这种宣传分析会损害对特定产品的忠实度，从而使销售量下降。最后，这个研究所将关闭。

每种尝试都存在着使年轻人对广告内容产生免疫力的巨大危险，这是因为魔王把小鬼给放了出来。这样的事也可能发生，具有良好愿望的人本想对某种教条作斗争，却另立了一个与之相对的、同样僵硬的教条。一种伟大、聪明和诚实的尝试，即创造一种非教条的哲学，悲惨地失败了：马克思的辩证唯物主义哲学，创造动机是给人类教授一种能抵挡风险世界观，曾几何时，它僵化成一种教条。马克思教授黑格尔学说的变种，反命题，也就是说，对具有统治地位的观点持反对立场，开始是比较正确的。事实上，这是真理追求者最高级的任务之一，即敢于去除和改造他的所有假设。虽然，它的创造者具有良好的出发点，辩证唯物主义成了所有教条中最僵化的，并且可能是曾经在这个地球上最有影响力的学说。

上述的法林宣传分析在政治上的反对者当时提出，这诱使年轻人走向犬儒主义和怀疑主义，这种理由事实上的确包含有真理的核心。如果能从谬误中甄别正确，从真理中明察谬误的话，这是一种必要的、健康的怀疑态度，但如果怀疑过度也会导致玩世不恭和对所有价值的否定。前面章节中提到，对伟大和谐以及美与善的感知培养是绝对必要的，它让年轻人获得关于我们这个大千世界的平衡画面。持本体论的还原或唯科学主义观点的人，会因片面的宣传分析教育而绝对地怀疑一切，对一切感到绝望。

当人们尝试着让青年一代认识这个世界的美丽与宏大，当然也希望，能够唤醒他们对其内在联系的兴趣。这种愿望用《浮士德》中的原话被这样概括："我认识到，什么是这个世界最内部的凝聚力"，集中表达了一种人类普遍存在的需求，有些人的这种需求可能强一些，有些人的弱一些。（这在自然科学探索者那里是至关重要的动机。）完全没有好奇心意味着不正常，是一种病态。

我猜测，好奇心的唤醒也可能会激活已经消失的人与人之间的关怀。在瓦格纳的最后一部歌剧《帕西法尔》史诗的基本陈述中英雄被看成犯了重罪，他看到了阿姆福尔斯塔的痛苦，但不问原因。也许这样的画面基于一种关系，即一种人类对世界的普遍兴趣及其对他人的关心之间的关系。也许是可能的，通过在自然界中大的关系兴趣的唤醒也能激发生命中人与人之间的关心。

为了向年轻人展示有机界的丰富多彩及其规律性，应该让他们从内心熟悉任意一种较大的动物或植物组开始。在我看来，今天在很多地方，以收集和描述的方式认识宇宙的最佳途径都被忽视了。孩子乐于收集；收集到的藏品势必需要进行分类，如果确实存在这种秩序，就需要一种解释，这就会像所有自然科学工作的展开一样，从而形成系统描述和系统归纳的阶段。

按尼古拉·哈特曼的定义，相比同样材料组成的非生命体而言，生命体具有较高的归类形式，但它以这种物质形式的存在为前提。由于所有生命系统持续受到来自内外的干扰威胁，所有生命都会面临疾病和死亡。像其他所有有机体一样，我们也必须不断地防备各种形式的威胁，因而，由基因决定，我们会惧怕死亡，并且恐惧程度肯定强于真正的死亡所带来的恐惧。这需要极大的勇气，"朝着那个狭窄的通道逼近，它的道口照亮整个地狱，欣喜地决定走出这一步，即便冒着危险，奔向虚无。"[1]

尽管奔向虚无对不相信彼岸存在的人是完全不可避免的，我们还是会争取尽可能让它们来得更晚一些，作为我们的同类，医生甚至有责任按希波克拉底誓言这样去做。我们有责任，尽早发现疾病。然而，使我们能够做到这点的认知能力等同于那个已谈及的、开启我们感受伟大和谐的完

---

[1] 摘自《浮士德》。——译者注

形感知。

　　我们所熟知的疾病这个概念并不容易给出定义。人们说，疾病就是生命系统的正常和谐受到干扰。这个定义并不令人满意，是因为"正常"和"被干扰"只能在某个完全特定的环境条件下才能定义清楚。我想起一种红血球的遗传异常，即所谓的镰刀细胞性贫血。在冈比亚，为了使自己"健康"，人们必须，更确切地说，最好早些得这种病，同样的原则也适用于非常不同的生存空间。

　　尽管没有注意到这个概念构造的局限，我们每个人都相当准确和正确地知道和感觉到，什么是一个健康的生命系统，什么是一个患病的生命系统。像已谈及的、对音乐和谐的感知一样，对从健康到患病尺度的认识，同样有一个前提条件，即具备一个准备着的、巨量的信息宝库。在此讨论的功能中，完形感知特别令人印象深刻地展现了其奇妙能力，它收集令人难以置信的、数量巨大的具体信息和它们之间存在的不计其数的相互关系，并将这些信息保存相当长时间。医生的医术、动物饲养员的艺术和景观生态学家的重要能力都在于，他们能够纯凭感觉直观地观察到，生命体内"什么地方不对劲"。同样，这种能力也表现为优秀医生的"临床观点"，这为我们所熟知。唯科学主义思想给人类带来的最大危害之一就是在今天的医学教育中不够重视上述"临床观点"的培养。这是一个编织的希望，把人类这种感知能力通过计算机来替代，去处理及计算已提取的大量信息。

同样，动物饲养员的成功主要依赖于，他能感受到其服务对象的每一个极其细微的变化，并有能力据此调节相应的应对措施。这种"建立联系"的能力自然又是完形感知非理性的能力。

这应该是可行的，为那些生在长在大城市的孩子们创造机会，开发他们感知生命系统的和谐与非和谐能力，比如通过水族馆。水族馆的饲养员必然会完全学到，正确地把握在对象整体中的和谐与不和谐，这个整体由很多系统共同组成，有共同作用和敌对作用系统，有动物、植物、细菌和大量无机条件。他深知，一个这样的人造生态系统的平衡是多么的敏感。水族馆是一种自然生存空间在"试管中"的模型，因此，可以唤醒生命系统相互依赖的意义。

培养对美与和谐的感知，对患病系统的不和谐的辨识，以及对教条化的拒绝，肯定是抵制西方越来越非人性化文明的有效手段。对我来说，更重要的是唤醒我们人类对共生生命的同情心，正如阿尔贝特·施韦泽[1]如此贴切的表述，同情心可以激发对所有活着的生物的爱。

---

[1] 阿尔贝特·施韦泽，Albert Schweitzer，1875~1965。——译者注

有机界中大的和谐必然包含着非常多的不和谐音，这种不和谐音我们习惯于"漏听"，从精神分析意义上讲，我们习惯于排斥它，也就是说，从我们的意识中把它抹去。最令人气愤的不和谐是必须杀戮，这种必要性非但存在于猛兽，而且同样存在于人类当中。（仅猛兽一词就已经包含着人类行为所不能允许的类比，应该称作"狩猎动物"。）正因为我和我的狗之间的亲密关系，当它再一次咬死一只猫时，深深地让我感到震惊，这也许是为了我们数量丰富的鸣禽的利益，让花园中没有猫。我承认，我没有一次能在电影或电视中看下去，一只食肉动物是怎样捕杀其猎物的。据达尔文记录，当他首次乘小猎犬号航行至热带丛林时，看到一只巨型黄蜂袭击捕鸟蜘蛛。我们伟大的自然科学家当时做了什么？他拿出铅笔和怀表，然后过分细致地观察了这一在当时已经大致清楚的过程，即黄蜂刺穿蜘蛛的神经节使其瘫痪，并将还活着的猎物拖回其巢穴喂食自己的幼虫吗？不！查尔斯·达尔文赶走了黄蜂，尽管他还有些好奇，想仔细观察这个过程。

对正经受着痛苦的生灵产生同情是这样一种性质明确的情感，即对每个敏感的人来说，尽管他知道，在有机界的大和谐中个体的痛苦和死亡是不可避免的，却确实意味着痛苦。另外，就算我们完全清楚在捕食动物及其猎物之间存在着和谐的相互作用，也无能为力。像某些伤感的动物爱好者出于对自然系统的不理解而希望的那样，如果我们告诉自己，要是让狩猎者从生命舞台上消失的话，猎物作为物种就不受任何威胁了，也同样无济于事。我们不想否认，同情会带给我们痛苦。我们愿意承认，我们往往将捕猎者和猎物同等看待。黄鼠狼是世间最奇特的动物之一：它们的嬉戏动作都是那么优雅，即便在捕获和捕杀猎物的严峻情况下也是如此。另有黄喉姬鼠[①]，其可爱程度几乎并不比黄鼠狼逊色，如果人们看到，黄鼠狼以游戏时一样的本能动作技巧，在极端情况下，杀死长着大眼睛的、敏感的，而且肯定是有痛苦感受的黄喉姬鼠时，我们会感到心碎，面对这一不和谐，至少我本人被深深地震撼。我很可能完全没有能力去杀死一只黄喉姬鼠，即便当我要给一个饿得半死的黄鼠狼喂食的时候。

在生物界的大和谐中，同情并不重要。相比较而言，痛苦的感觉比同情的历史久远得多；痛苦是随生物个体不可避免的死亡而来到这个世界上的一种主观体验，较同情的产生早数百万年。同情这一情感在黑猩猩身上有迹可循，珍妮·古道尔发现，一只黑猩猩数天守着即将死去的母亲，并为其驱蝇。当母亲死去时，这只黑猩猩先将耳朵贴在母亲的

---

① 黄喉姬鼠，Apodemus flavicollis。——译者注

胸口，然后才离开尸体，可能因为它没有再听到心跳的缘故吧。对生灵的同情，那种对不属于自身种类生灵的同情，肯定只是人类才有。

最初，同情肯定仅存在于某个个体与其他个体之间有爱相联系的时候，对生命体的爱是一种重要的、不可或缺的情感。这也意味着，在地球上控制着一切的人类应该肩负起对生命的责任，有责任感的人不能加剧其他生灵的痛苦，至少不能给其同类强加痛苦。这样，人类就背负了一个艰巨任务。

在人类种族史中，同感和同情的情感特质及与此相伴的随时准备帮助性介入发生过程的意愿，很可能是为服务于人类哺乳行为而产生的行为准则，外推到对其他同类，进而到其他生物的行为准则。相关触发机制选择性的机率减少，就可触发这种情感。

唤醒人类对地球上所有生物的同情心非常重要，它们与人类同居在一个地球，所以对与活体生命的爱的感觉是不可缺少的，这样，我们就需要明确区分我们对动物和对其他人的情感。我们虽不必撕心裂肺般去看待，猎豹妈妈如何将汤普森瞪羚还活着的、同样可爱的孩子作为猎物带给自己那些甜得令人陶醉的宝贝们，为使后者学会捕猎；然而，我们并没有权利改变和阻止自然界的规律，如猎豹以汤普森瞪羚为食，或黄鼠狼以黄喉姬鼠为食。

然而，这也完全不应是有机界发展必然的结果，即在大多数人类挨饿的同时，却有少部分人因营养过剩而痛苦，并消耗着全人类可用能源的70%。

如果不能把这种不和谐放在一边的话，有思想、有感觉的人就不能忍受大自然中不可避免的、残酷的不和谐。如果我被迫为了吃，必须亲手杀死活着的动物的话，我想我很可能会变成素食者。也就是说，从这个意义上来说，人类允许"残酷一点儿"，甚至也必须这样做。但如果涉及可避免的痛苦，尤其是跟人的同类有关时，就不允许这样。不顾及、不正视动物痛苦的做法一旦养成习惯，就有危险。人们对"向别处看"已经学得很好了，以至于在人有能力帮助的情况下依然无情地关闭其同情心。说了这些，大家一定明白，我是多么赞赏那些动物保护协会的卓越贡献，我也非常敬重那些以切身语言和行动去反对所谓的家畜"集约饲养"的活动。然而，我依然有些许怀疑，很多人对动物的同情和对人的爱是完全不能相提并论的。如果能够知道，是否有很多人存在，他们以同样的方式既投入动物保护工作，又投入大赦国际活动，这或许有点儿意思，我希望，答案是肯定的。

你不该做假证

"最拙劣的是说假话、谎言，

只有是真的时候，人也会是好的。

罪恶如何可以存在，

如果不能说谎、欺骗？

先修自我，再世界，上帝会自现。

如果是恶棍，就必须对自己说，

为什么总孤独，你是个流氓！

谁能容忍它，只能是自毁。"

以上是弗兰茨·格里尔帕泽[①]喜剧《撒谎者是痛苦的》中沙隆主教的台词。可以给谎言如此定义，即说谎者有意用错误的信息，为其创造从被欺骗者那里获得好处的机会（"善意的"、非自私驱使的谎言不包括在内）。发布错误信息是一种策略，在许多非常简单和下意识的场合为人所知。在植物王国里，就有各种开花形式，"发出指令"招来某种雌性昆虫和该类中的雄性昆虫交配，植物也通过昆虫传播花粉而"确保"自身的繁殖。许多所谓的拟态对接收者有欺骗性，发出拟态的动物受益。经典的例子是盾齿鰧属鲶鱼对裂唇鱼[②]的模仿，前者不仅从颜色和形态上逼近裂唇鱼，而且还模仿其游动方式，借此，在清洁其他海洋生物时不会打扰到

---

① 弗兰茨·格里尔帕泽，Franz Grillparzer, 1791~1872。——译者注
② 裂唇鱼又叫清洁鱼，是海洋里著名的医生。它用尖嘴为对方清除寄生虫和坏死的肌肉等。——译者注。

它们，并能呈现出实施清洁功能的身体部位应有的状态。在此，猎手"诱骗"了猎物，但在绝大多数情况下所发生的正好相反；毛虫的眼睛有欺骗性，它们"镶嵌"在身体的第一个环形圈上，蛇形头部的前面；许多昆虫拥有相距较远的复眼，这给接近它们的动物造成一种假象，让对方误以为自己是较大的哺乳类动物。总之，捕食者从潜在猎物那里所获得的虚假信息都是要显示后者的"强大"；鱼和头足类动物中鱼鳍镶边的支撑、温血动物竖起的毛囊或羽毛以及爬行类动物和两栖类动物的鼓胀的肺都起类似的作用。

也许我们注意到了，上述例子中的信息都没发给同类。首先可以认为，即便一条鱼，也要以宽体姿态威胁其对手，把自己尽可能地变大，以"虚张声势"，也就是说，让其攻击潜能看起来比实际上大些。扎哈维[1]提供的令人信服的证据表明，通过在其同类身上的作用而培育出的各种信号和触发动作必须具备极高的信任度，所谓的"诚实度"。尤其是当信号对有性选种有重要作用时，它们就必须从某种程度上确保与此相关联的"质地"的真实存在，在此基础之上形成生物属性的一致性和标准化，这些特性对有性选种是具有决定性的。这类似于体育比赛中必须将测试条件完全标准化一

---

[1] 扎哈维，Amoth Zahavi。——译者注

样，为的是让质的区别显露出来，比如还有，所有野鸭的繁殖羽和所有灰鹅的广告式行为方式都是精确标准化了的。不同个体之间存在的细微差别只有非常仔细的观察者和其同类才能甄别。不考虑集体选择和种族选择，有足够的理由可以说，在生物同类之间的信号交换不具欺骗性。

因为，除此之外还存在群体性和亲属性选择，又因为触发器和天生的触发机制就是种内相关的器官的、特有信号的发射和接收者，不妨假设，亦如我1966年所断言，触发器和天生触发机制与选择压力相互影响，这同时印证了同类之间不相互"欺骗"的假设。换言之，这符合该动物物种的利益，即只在猎物和捕食者之间而非在同类之间存在错误信息的传递。事实上，语言的产生似乎为谎言提供了更多可能性，因此，完全不必感到吃惊，人与人之间的欺骗普遍存在，且常在群体和种族内导致恶劣后果。只有个体可以从中获益，但代价是他变得对群体有依赖，表现出寄生特性。

一方面，动物中由基因决定的信号交换机制不能识别谎言；另一方面，在高等的哺乳动物中显然又存在说谎的苗头，其有些个体表现出已经学会的，或许是理性的行为。乔治·吕佩尔[1]告诉我关于一只冰雌狐的故事，当它觉得它的孩

---

[1] 乔治·吕佩尔，Georg Rueppell，生卒年代不详。——译者注

子们带来太多麻烦时，就会以欺骗的花招"调虎离山"：它发出警告信号，闻讯，孩子们手忙脚乱地赶回洞穴，而它却没有任何焦虑的迹象。

时任阿姆斯特丹阿蒂斯动物园负责人的波尔蒂耶[①]曾经给我讲过一只老猩猩的离奇故事。这只猩猩不撒谎，但一旦被骗，便火冒三丈。它住在一个笼子里，笼子的底部相当小，但向上至天花板挑高也相当可观。为了保证猩猩有足够的运动，给它在靠近地面的地方喂食，休息的地方放在了尽可能高的上方，这样每次为了获得食物它都必须下来，再爬上去。只有在清扫笼子时，猩猩被放在笼子最高的区域，并由一名饲养员喂食，他必须爬梯子上来。谁料想，没用多少时间笼子底部就清扫干净了，这本来是一件轻松的事情。可是有一天，却发生了令人不快和惊愕的一幕：那只猩猩突然从笼子底部跃起，并在笼子移动门关闭之前，用双手抓住门边和门栓。当饲养员和有幸也正好在场的负责人波尔蒂耶绝望地尝试着用力关门时，这只猩猩还继续固执地用胳膊开着门。由于这位动物园的负责人想到了一个补救措施，恰好利用了这种紧张状态：他松开门，惊恐地大叫，迅速后跳，就在那只猩猩的背后张大嘴怔住了，仿佛真有什么极其可怕的

---

① 波尔蒂耶，A. F. J. Portielje，1886~1965。——译者注

事情即将发生。猩猩被骗了，仓皇乱跑，门"啪"的一声关住了。这段逸事的重头戏还在后面！这只猩猩被彻底地激怒了，那情景是这位动物园负责人在其他动物身上几乎从来没有经历过的。他告诉我，他完全相信，这只猩猩十分清醒地知道它曾被骗了而且非常气愤。有针对性地就类人猿如何对人类的欺骗做出反应进行实验，据我所知，还没有真正展开。

做梦也想不到，语言文字却顺其自然地为错误信息的传播提供了新的可能性。

可以想象，谎言的负面评价有其固有的机制基础。完全可以肯定，对人类社会来讲，骗人，即有意从他人那里占便宜是一种恶事。我相信，个人说谎与集体的、政治和经济的谎言所产生的负面价值性质完全不一样。《德国效忠》的浪漫神圣化是我们这一代人教育宣传的专属，这可能是古罗马作家塔西陀（Tacitus）的发明，为了抵抗罗马文明的道德沦丧而特别创作的有意义的宣传。他当时是否真的对日耳曼民族的诚信就很了解，值得怀疑。然而，从他的作品中能够看出，并且可以肯定的是，罗马文明后期被认为是构建了一个弥天大谎。

《圣经》中关于欺骗的禁令在人与人之间的交往中远比群体组织之间执行得要好。任何监事会的每一位成员都拥有我完全的信任，我也会不假思索地相信他们的建议；然而，作为一个组织监事会却可以无所顾忌和不道德地行事，显然这种责任的分担减轻了个人的负担。尽管我掌握的信息还不够全面，但我敢推测，公开欺骗的频率和被骗后普遍的容忍度在高度文明和较高等文明中都增加了。现在，贸易领域里的讨价还价和商品的欺诈性叫卖常常是被允许的。一些专业广告商不但不会感觉不好意思，反而会为其谎言的成就而颇为自豪。我深信，如果谎言（个人谎言或集体谎言）这样获益，并这样被评估的话，人类社会作为整体就获得了一个彻底的和有益的新组织。

必须重新评估的价值

我们希望明确，教育的方向就是要追求重新评估一系列价值观念的宏伟目标，以此作为抵抗人性退化的应对手段。如果我相信，这个艰巨的任务可以完成的话，这种乐观一定基于如下事实，即那些第六章中讨论过的、先验的价值感知是绝对人性化的。如第十章中所述，这些价值感知既不依赖于文化传统，也不依赖于真实性的社会构建。换言之，我们这里谈及的价值感知需要人类没有被教育和被灌输过；当没有掺假的事实材料进入成长中的人的完形感知时，它们会非常肯定地自由生长，这就向我们展示了头脑中"自然界知道的真实"。

有些为正常理性易于接受的认识，很多人因思想的冲突而受到困扰，我以为，这种理想主义者的，或者更确切地说，幻想症的信仰难辞其咎，他们认为真实世界不应包含价值。我们了解的朴素事实是，创造的真实不仅包含着崇高的价值，而且具有持续不断地生成潜在的、更高价值的能力。我们无须在超自然中探寻世界的意义，"是痴人才眨眼望着上天，幻想那云雾中有自己的同伴；人要立定脚跟，向四周环顾！这世界对于有为者并非默然无语。"歌德在《浮士德》中如是说。

认识论立场

前面章节中我们提出了一系列有关教育的建议，相比理性思想的形成，它们更好地为价值的形成服务。一个看到世界如此美丽的人，一定是乐观的。他的来自于世界之大、世界之美的知识将有助于他反驳当今流行的宣传方法和教化。现实的真实性将教会他，不要给自己的同胞提供假证。他对伟大和谐的感知将变得更加深刻和更加训练有素，以至于他或许能从健康中看出疾病，而且不会质疑有机界中的伟大和谐，尽管他对悲苦和个体死亡深有感触。

对其做出正确评价无须理性，只需要"睁开双眼"，借此赋予完形感知合理但非理性的能力，对所有亲近大自然的人来说，都是不言而喻的。谁拥有这样的世界观，谁就能无误地感受万物，产生对生物个体命运的同情；有了这种情感，对生物的爱也就随即产生，同样，责任的意识就会形成。

所有这些都不是有伤感的幻想，像本体论还原主义的追随者会相信的那样。我这本书的第二部分都在讨论"纯"主观的现实性，就是为了防范上述误解的产生。

本书里的所有内容都是进化认识论观点的延伸，以及既谦虚又自信观点的自我申述。原则上，这样的结果使我们不再会悲剧性的自恃清高，这是古希腊文化的遗传；它教我们，勿视人类为自然界的敌人和对手，像柏拉图式的理想主义，或者更确切地说，幻想主义，最后还有康德的先验唯心主义所认为的那样。特别的，这种认识还告诉我们，人类所有认识能力依靠真实组织的生理功能来维持，在我们的体验中它映射同样真实的外部世界，像量化比例一样。然而，必须绝对强调的是，这种主观评价是理性思维的结果。

我认为，这原本平庸的见解，即便常常是下意识和无意识的，是所有自然科学研究者的工作基础，他们了解进化论的所有事实。鲁珀特·里德有意无意地将这种新知识的传播与真菌菌丝体的生长做过比较，后者在地下生根、分叉，然后在不同的地方结出子实体，从表面上观察它们似乎是相互独立的。进化认识论的思想在看起来孤立的情况下，由卡尔·波普尔、多纳特·坎珀尔、鲁珀特·里德和我同时提出，我们大家都得出各自的结论，波普尔从逻辑学、里德从比较形态学、坎珀尔从心理学，而我从动物行为学领域出发。最近，鲁珀特·里德发现，路德维希·玻尔兹曼[1]早在19世纪就知晓此事，他这样写道："人们今天会怎样评价这些逻辑里的思维法则？这些思维法则将会在达尔文的意义上无异于其他继承下来的思维习惯，因为，如果我们没有承袭这些思维规律，认识活动就会停止，认知也失去了与其他事物之间的联系。"我们不需要对我们所有的新知识抱有太多幻想。我尊师的遗孀克尔特·海因洛特[2]替她丈夫曾这样批评本书目录："这是每位自然科学研究者都知道的，根本不用额外加以说明。"然而，我们都确信，奥斯卡·海因洛特今天会持不同意见。马克斯·普朗克[3]曾写信给我，在谈及我的第一本记录这一思想的书时，他非常满意，人们，指我和他，可以从如此不同的领域出发，殊途同归，归纳出完全一致的观点，一个关于真实世界和现象世界关系的观点。

海因洛特肯定是对的：实际上，我在这本书中所论及的一切都是显而易见的。然而，我的希望就建立在人的模型平

---

[1] 路德维希·玻尔兹曼，Ludwig Boltzmann，1844~1906。——译者注
[2] 克尔特·海因洛特，Kaethe Heinroth，生卒年代不详。——译者注
[3] 马克斯·普朗克，Max Planck，1858~1947。——译者注

庸化的这个问题上，它构成了进化认识论的框架，也是我试图在该书中重新论证的，即人性的退化可以被叫停。被大众所普遍认可一定是可能的！如柏拉图让苏格拉底说出，"在狗身上"都有可能。

　　一直以来我对此很着迷，就是在自然界中非常不同的动物之间进行比较。阿尔弗雷德·库恩[1]的经典著作《动物在空间的定位》曾经启发了我，动物的空间定位非常好地说明了，不同的动物通过各自空间回声定位系统所获得的信息在种类和数量上是何等的不同。草履虫通过其逃亡反射，即所谓的恐惧症反应仅"知道"哪些方向上的道路是不通的。在所谓的、草履虫也有的局部反应中，动物转换方向根据刺激的入射角度来控制，以使其不至于盲目地沿着任何其他别的，而是唯一有效的方向继续前行。因而，与恐惧症相比，这种局部反应包含不可比拟的、巨大数量的信息。

　　从低等动物行为习惯中的这些最简单的空间"表达"发展到人类的直观空间感经历了不间断地阶梯式上升的过程。从类人猿那里我们知道，无须肌肉运动（如果需要，也就是眼部肌肉的）就可以在一个纯粹"想象的"空间尝试着行动，这种在想象空间中的尝试行为人们称之为思想。如果

---

[1]　阿尔弗雷德·库恩，Alfred Kuehns，1885~1968。──译者注

该类人猿以这种方式通过思考发现了解决摆在面前问题的方法，发出一声喜悦的呐喊，并完全有成功把握地实施该行动，旁观者就一定会有这样的印象，这个动物正在经历卡尔·毕勒所谓的"顿悟"过程。

如果人们把不同生物动作系统中的不同画面放在一起进行比较的话，就会意识到一些重要的事实。首先，我得出一个令人吃惊的结论，那些动物了解到的、关于这个世界空间状况的信息，没有什么是错的；它们只是掌握比我们少得多的信息。我们认为，草履虫恐惧症反应所依赖的信息也是正确的：这个小动物逃跑反应被迫偏离的方向实际上确实是不通的！经常必须通过一个接一个的局部反应，直至发现一条畅通无阻的路径。当人们比较我们人类的和简单生物所观察到的世界图景，后者似乎并没有不正确和扭曲，而是一定程度上较为粗糙的，非常多重复提供较少细节的"栅板"设计，一种比喻，这是我40多年前发表的题为"从现代生物学的角度看康德的先验主义"文章中就曾提到的一个观点。换句话说，动物的所有关于这个真实外部世界的知识都是正确的！如果人类自婴幼儿时期起就意识到，人不过就是一种生物，像猫头鹰和灰雁一样，就会自然而然地接受，我们自身关于这个世界的认识同样会受我们认知系统能力极限的限制，这一点与其他一切有机体一样，即便我们知识的边界可以无与伦比地向外延伸。正因为人们观察到不同动物个体之间观察世界"装备"的极大不同,一个意义重大的事实便明晰起来:关于特定环境的那些报告差异如此之大,但它们之间从来不相互矛盾。就连草履虫"一维的空间感"也能构建外部世界的"客观"情况,而这在我们高度分化的世界观中也有同样的展示。

在《镜子的背后》一书中,我探讨了不同人,尤其是不同有机体之间世界观的一致性,并指出它是在此论及的、统一和主观以外真实性假设的有力证据。

如下事实中所包含的深意会让我们变得既谦虚又自信,即我们所有的认识都建立在一个内在的、真实的认知系统和一个同样真实的外在世界之间既相互联系又相互区别的关系之上。它使我们谦虚,因为如果相信人类认知系统对当今发展水平的认识极限就是可认知性的边界,将是多么的狂妄自大。在某个时间段,即便从系统发生的角度来看总是微不足道的,人类借助技术手段获得的"假体知识"极大拓展了可知世界的边界。这种借助诸如此类辅助工具的(认识)能力我在上面提到的书里有过形象论述,旨在揭示这将是何等的荒谬,如果试图将目前可知和不可知世界的界限理解为最终和绝对的话。

那么，如果遇到认知系统不能描述的事物时，我们不必吃惊，也不会对有时误以为看见的"双重图像"觉得诧异，正如已证明，同一种真实存在，如光和电磁波等，一会儿被描述成微粒，一会儿又被描述成波的情形。我们充分意识到，人类就像童话世界里的孩子一样，要面对一个几乎没有穷尽的，但实际上又是可穷尽的，一系列无法解释的秘密；我们还知道，这些未解之谜受自然界法则控制，它们之所以"不能解释"，是因为受到人类认知能力的限制。让我们再次引用卡尔·楚克迈耶之捕鼠者之言，世上存在一些自然的东西，是我们可以认识的；同时，也存在一些隐蔽的、看不见的东西，同样是自然的。

进化认识论告诫我们，不应高估人类及其认知能力，尤其是不应认为那些不能解释的事物就一定是超自然之物。同时，了解认知有极限能使我们在真实性中获得信任，即对周遭主观以外真实性的认知功能的信任，这种信任使我们更加自信。如果我们的世界认知系统源于对这个真实世界的适应的话，那么，它今天的形式由选择压力决定，它曾对认知系统的成像能力施加过影响。

此外，还有一种非常确定的、有关真实世界和现象世界关系的观点，它与那个受人类所谓正常理解力支配的观点相同，简言之：每一种现象都对应一定的真实，也许只能通过对来自于主观以外真实性的感知，以及通过我们内在情绪情感的感知而获得。事实上，也绝非只有物理学意义上可以定义和数量上可以验证的事物存在，还应包括所有与情感情绪有关的事物。像那些可以被测量和计数的能力一样，爱和友爱的能力以及所有与此相伴随的情感同样产生于人类的系统发生过程中。这两类现象都指向同一种真实，除了可测量和可计数的事物，这种真实同样包含感受着的和体验着的人。

在此，我也许看到了进化认识论最重要的影响。此时此刻，我们能够理解，情感就像反映外在和内在真实性的讯息，测量结果一样，它改变着我们对可知和不可知事物之间关系的看法。首先改变的就是我们人类对自己，即人类本身的看法：那种认为我们是按照上帝设想的模样创造出来的信仰，被彻底清除。同时，我们也认识到，我们共同享有的这个世界如此之宏大，如此之美妙。卡尔·冯·弗里希就此这样写道："这使人对未知事物产生敬畏，而且谁找到了自己生活中可以坚守的东西，为此他愿意倾注情感，那么他就真正上路了。"有了这种我们完完全全属于这个世界的认识，就会得出下面的结论，对它我们应该承担全部的责任。我们看待人类，既不像雅克·莫诺[①]，把人类看成是宇宙边缘孤寂

---

① 雅克·莫诺，Jacques Monod，1910~1976。——译者注

的外乡人，也不像先验唯心主义者，将人类视作不可知世界的极端对手。人类仅是生物链中短暂的一个环节；有理由假设，人类正处在一个向真实人性迈进的发展阶段，还可以寄希望于一定会是这样的。

后记：自然研究者的信条

我迫切感到需要写一个后记，主要是针对所有那些人，他们认为进化认识论者是极端唯物主义的，因为进化认识论者不提"上帝"一词。在十条戒律中就包含：你不该因虚荣而提到上帝之名。我在此深感迟疑，是否可以这样提及他；我总是深切地感到，使用这个男性的尊称"他"（德语是"ER"）有一种近乎亵渎神灵般的狂妄，即便两个字母都大写！如果有人，可能是出于天真或虔诚，说曾"遇见上帝"，我也会产生同样的感受。据柏拉图称，苏格拉底就曾坦言有过类似的感觉，他将此限定在"某种"神性的东西。

这似乎不可能，使这位受到秘传的理想主义者明白，我们应尽其所能努力认识这个世界所有世俗的此岸，但并非意味着放弃所有那些超验的东西。如尼古拉·哈特曼已经强调的那样，更难让人理解的是，如果人们将柏拉图意义上的世界从其时空高度上"拉过来"，并声称这就是与生俱来的、影响世界发展进程的蓝本和追求目标的原动力的话，超验恰巧被否定。在本书第一部分，我就竭尽所能地去揭示，这个世界上的创造过程并非建立在一个设计完美的方案基础之上，并据此历经数百万年逐步发展至今。

在题为"神秘视角下的人类起源"的论文中，卡尔·M·费尔巴哈[①]以令人兴奋和异常优美的语言竭力反驳了达尔文的"类人猿理论"："所有一切都是无计划和没有目的的'即兴演出'，不是预先设定的。'人类是一种奇怪的灵长类'，不是上帝希望的例外！在毫无准备的情况下，各种神奇力量无序作用，自然在浓雾中摸索前行，通过'自然选种求得生存'，通过盲目而至的偶然和屡屡在所处外部环境中发生的突变，走向一个不情愿和不确定的遥远的未来。"

在此，刻意指出达尔文关于物种起源的理论是荒谬的，并以令人瞩目的、诗意的力量来表达创新型进化事实上所做的事。是什么样的创造力总能使低等生物演进成从未有过的高等生物呢？是"即兴"的创造！创造者还能怎样创造其造

---

① 卡尔·M·费尔巴哈，Carl M. Feuerbach，1897~1989。——译者注

物的内涵呢？他不是那个咏颂大诗人作品的演员；他本身就是诗人、朗诵者。他不是熟练音乐演奏者，演绎作曲家的作品；他本身就是作曲家，在没有指挥的演出中即兴创作。我们视人类所具有的创新能力为世界范围内创造过程的特殊情况，创造过程即是大家一起玩的游戏，不同于以往的任何过程。如果人类是上帝的样子的说法有任何一点真实性的话，就只存在于创造本身。

相信某种神灵的人，都比本体论还原主义者更了解宇宙的本质。即便最单纯的一神论者，即把敬爱的上帝看作圣父的人，也具有价值免疫力。即便他相信，其全知全能的上帝最终会把所有的事情往好处引导，他也不会对今天这个时代的撒旦式错误发展视而不见。最糟的情况是，他变得怀疑万能的上帝，因为他发现邪恶无处不在。一神论的真实性成分将其信奉者的实际行为控制在正确的轨道上；他从神那里获得的分类命令表现出与我们致力于恪守的相一致的特点。

然而，这种深奥的思想之说令我讨厌之处在于，它设计的人类模型着实亵渎了神灵的傲慢。那种认为人类从一开始就是所有发展的确定目标的观念，对我来说，就像在此之前出现过的、失去了理智的傲慢的范例。如果我必须相信，万能的上帝特意创造了今天这般的人类，像我们这个物种通过其平均水准所表现的那样，我真的要怀疑上帝了。如果这个物种在集体行为中表现出的罪恶和无知的行为是上帝创造的本意的话，那我必须说："多么悲哀的上帝啊！"幸亏我知道，我们根据地质年轮"尚可"证明类人猿曾经存在过；我还知道有如下风险存在，即因人类精神的快速发展会给人类心灵招致灾祸；第三，我知道，这些风险很肯定常常引发疾病，好在它们原则上都能治愈。智人是否已经消失或还存在着，这基本上是不可预测的；然而，我们有责任为生存而努力。

不可预测性是所有生物都不可缺少的特征，如尼采在其永恒轮回学说中所构建的体系一样，一个由一系列可预测过程构成的封闭系统是恐怖中最恐怖的，因为一个封闭的系统按照定义就不是一个有生命的体系，它根本就不存在，并非生物学让我们免于受到这种惊恐，而是现代物理学自身。要归纳人类自由和世界发展之不可预知性之间的可能关系，超出了人类思想的能力。但人们还是能够理解，在一个预先确定的，亦即预先设定好的轨道上运行的世界，没有给人类自由留下任何立足之地。

图书在版编目 (CIP) 数据

人性的退化 / (奥) 洛伦茨著；寇瑛译. — 北京：中信出版社，2013.5 (2024.7 重印)
ISBN 978-7-5086-3888-1

Ⅰ.①人… Ⅱ.①洛…②寇… Ⅲ.①人性 Ⅳ.①B038

中国版本图书馆 CIP 数据核字 (2013) 第 054840 号

Author: Konrad Lorenz

Title: Der Abbau des Menschlichen

Copyright © Piper Verlag GmbH, Munich, Germany 1983

Chinese language edition arranged through HERCULES Business & Culture GmbH, Germany

Simplified Chinese translation copyright © 2013 by China CITIC Press

ALL RIGHTS RESERVED

本书仅限中国大陆地区发行销售

人性的退化

著　　者：[奥]康拉德·洛伦茨
译　　者：寇　瑛
策划推广：中信出版社 (China CITIC Press)
出版发行：中信出版集团股份有限公司
　　　　　(北京市朝阳区东三环北路 27 号嘉铭中心　邮编　100020)
　　　　　(CITIC Publishing Group)
承　印　者：北京通州皇家印刷厂

开　　本：787mm×1092mm　1/32			印　　张：7	字　　数：110 千字	
版　　次：2013 年 5 月第 1 版			印　　次：2024 年 7 月第 10 次印刷		

京权图字：01-2009-6377
书　　号：ISBN 978-7-5086-3888-1/G·962
定　　价：35.00 元